LA FUENTE

IBEROAMERICAN JOURNAL FOR CHRISTIAN WORLDVIEW

VOL. 2 | NO. 1, 2022

THE PURPOSE & CALL OF MAN

LA FUENTE

IBEROAMERICAN JOURNAL FOR CHRISTIAN WORLDVIEW

VOL. 2 | NO. 1, 2022

EL PROPÓSITO Y LLAMADO DEL HOMBRE

cántaro
publications

www.cantaroinstitute.org

Published by Cántaro Publications, a publishing imprint of the Cántaro Institute, Jordan Station, ON.

Journal design by Steven R. Martins

Translation and Editing by Fernando H. Clavijo, Susanna Celso, and Steven R. Martins

Library & Archives Canada
ISBN 978-1-990771-23-1

Printed in the United States of America

About the Cántaro Institute
Inheriting, Informing, Inspiring

The Cántaro Institute is a confessional evangelical Christian organization established in 2020 that seeks to recover the riches of historic Protestantism for the renewal and edification of the contemporary church and to advance the comprehensive Christian philosophy of life for the religious reformation of the Western and Ibero-American world.

We believe that as the Christian church returns to the fount of Scripture as her ultimate authority for all knowing and living, and wisely applies God's truth to every aspect of life, faithful in spirit to the reformers, her missiological activity will result in not only the renewal of the human person but also the reformation of culture, an inevitable result when the true scope and nature of the gospel is made known and applied.

Acerca del Cántaro Institute
Heredando, Informando, Inspirando

El Cántaro Institute es una organización cristiana evangélica confesional establecida en el año 2020, la cual busca recuperar las riquezas del protestantismo histórico para la renovación y edificación de la Iglesia contemporánea y promover la filosofía cristiana de la vida para la reforma religiosa del Occidente y el mundo Iberoaméricano.

Creemos que a medida que la Iglesia cristiana regresa a la fuente de las Escrituras como su última autoridad para todo conocimiento y vida, y sabiamente aplica la verdad de Dios a cada aspecto de la vida, fiel en espíritu a los reformadores, su actividad misiológica resultará no solo en la renovación de la persona humana, sino también en la reforma de la cultura, un resultado inevitable cuando la verdadera amplitud y naturaleza del evangelio es expuesta y aplicada.

Editorial

by Cántaro Institute

IN THE FILM *Saving Private Ryan*, a group of US soldiers are assigned a mission, to save Private Ryan, the last of four brothers left alive in World War II, albeit behind enemy lines. The film recounts how the group of soldiers managed to complete their mission, however, it comes at a terrible cost, the cost of their lives. A remark is made by one of the fallen soldiers, prior to his death, that Private Ryan better become someone great, perhaps discover the cure for cancer, or perform some similar feat. And before the wounded officer Miller dies, he tells Ryan, "Earn this", referring to the sacrifices that the others had made in order that Ryan could have a post-war life. Such a burden weighs heavy on Ryan, and as he visited the grave site of these brave men at the later stage of his life, and towards the end of the film, he utters the words, "I tried to live my life the best that I could. I hope that was enough. I hope that, at least in your eyes, I've earned what all of you have done for me." When he turns towards his wife, he then asks her, "Tell me that I've lived a good life." That says it all, he doesn't know. What the Steven Spielberg film manages to do is identify the struggle of the natural man to discover his life's purpose and call, much like capturing lightning in a bottle. What is the purpose and call of man? Is it possible to go through life while totally missing one's purpose and call? How many wander aimlessly seeking for an answer to their question? The answer is not found in creation, it is found in God, who reveals Himself and His will for creation through His inscripturated Word.

The Cántaro Institute is proud to bring into print the second issue of *La Fuente*, the *Iberoamerican Journal for Christian Worldview*. In follow up to our last issue on "A Call to Reformation", and in an effort to further cultivate a reformation movement within the Western and Iberoamerican church, we have sought to address man, his being, and his place before God in creation from a distinctly biblical worldview. We have, in other words, centered this issue around "The Purpose and Call of Man".

The objective of *La Fuente* is to equip the body of the saints, the catholic (universal) church of Christ, with a biblical understanding of the world and her place in it. At its foundation, *La Fuente* presupposes the inscripturated Word of God as the ultimate epistemological authority for all living and thinking, this is why our journal is called *La Fuente*, because in Spanish it means "the fount", which conveys the notion of going back to the fount of Scripture.

We have been happy to provide *La Fuente* as a free digital resource for a second straight year, and to maintain its bilingual English-Spanish format in order to reach both the Anglosphere and the Spanish-speaking world. While a print copy is available for purchase through most online book retailers, the free digital copy of the first issue had over 1,000 downloads when it was first released and has since then passed on from reader to reader on the vast world of the internet. As the Institute grows in its reach and influence, our hope is to bless the church wherever it may be with our digital resources (videos, articles, e-books, etc.), even in the most remote of places, so long as there remains an internet connection. In time, if the Lord permits, we may even be able to provide print resources to those most in need of Christian theological and worldview instruction. Your giving, your prayer, and your sharing of our resources will help us grow to such a scale of operations in the Lord's time and according to His will.

We have four authors to thank for their generous contributions to this second issue of *La Fuente*. Each have a heart for God's people, for the missional growth of the church, and for the advancement of the Christian worldview. We are thankful and appreciative of their thoughtful contributions. In the first article, CI founding director Steven R. Martins explains the threefold office of man as prophet, priest, and king, how the call was affected by the fall, and how the call has been restored. In the second article, CI Associate Adolfo Garcia de la Sienra dabs our minds in a bit of reformational philosophy by conducting a comparative study between the philosophers Francisco Suarez and Herman Dooyeweerd in relation to ontology, the study of the nature of being. In the third article, Paul Aurich addresses the conditions for human flourishment and its relation to the Christian worldview. In the final and fourth article, B.J. van der Walt, in a lecture originally delivered in 1981, addresses man's relation to the state, and how that relationship, as well as the state institution, can become corrupted when there occurs a departure (or falling away) from the Christian worldview. Altogether, the articles herein contained speak to the purpose and calling of man, theologically, philosophically, culturally, socially, and more. May they be a blessing to the church, and may they help cultivate that reformational spirit we need for the religious reformation of the Western and Iberoamerican world for the glory of God.

La Fuente, the *Iberoamerican Journal for Christian Worldview* is published once every year. Copyright by the Cántaro Institute, 2022.

Editorial

por el Cántaro Institute

En la película *Saving Private Ryan*, a un grupo de soldados estadounidenses se les asigna una misión, salvar al soldado Ryan, el último de los cuatro hermanos que quedan vivos en la Segunda Guerra Mundial, aunque detrás de las líneas enemigas. La película relata cómo el grupo de soldados logró completar su misión, sin embargo, tiene un costo terrible, el costo de sus vidas. Uno de los soldados caídos hace un comentario antes de su muerte, que el soldado Ryan debería convertirse en alguien grande, tal vez el que descubra la cura para el cáncer o que realice alguna hazaña similar. Y antes de que el oficial herido llamado Miller muera, le dice a Ryan: "Merécelo", refiriéndose a los sacrificios que los demás habían hecho para que Ryan pudiera tener una vida de posguerra. Tal carga pesa mucho sobre Ryan, y mientras visitaba la tumba de estos valientes hombres en la última etapa de su vida, y hacia el final de la película, dice las palabras: "Traté de vivir mi vida lo mejor que pude. Espero que haya sido suficiente. Espero que, al menos a sus ojos, me haya merecido lo que todos ustedes han hecho por mí." Cuando se vuelve hacia su esposa, le pregunta: "Dime que he vivido una buena vida." Eso lo dice todo, él no lo sabe. Lo que la película de Steven Spielberg logra hacer es identificar la lucha del hombre natural para descubrir el propósito y la llamada de su vida, al igual que capturar un rayo en una botella. ¿Cuál es el propósito y el llamado del hombre? ¿Es posible ir a través de la vida perdiéndose totalmente el propósito y el llamado de uno? ¿Cuántos vagan sin rumbo buscando una respuesta a su pregunta? La respuesta no se encuentra en la creación, se encuentra en Dios, quien se revela a sí mismo y a su voluntad para la creación a través de su Palabra escriturada.

El Cántaro Institute está contento de publicar la segunda edición de *La Fuente*, la *Revista Iberoamericana para la Cosmovisión Cristiana*. En seguimiento a nuestra última edición sobre "Un llamado a la reforma", y en un esfuerzo por cultivar aún más un movimiento de reforma dentro de la iglesia occidental e iberoamericana, hemos tratado de abordar el tema del hombre, su ser y su lugar ante Dios en la creación desde una cosmovisión distintamente bíblica. En otras palabras, hemos centrado esta edición sobre "El propósito y el llamado del hombre".

El objetivo de *La Fuente* es equipar al cuerpo de los santos, la iglesia *católica* (universal) de Cristo, con una comprensión bíblica del mundo y su lugar en ello. En su fundación, *La Fuente* presupone la Palabra de Dios escriturada como la máxima autoridad epistemológica para toda vida y pensamiento, es por eso que nuestra revista se llama *La Fuente*, porque transmite la noción de volver a la fuente de la Escritura.

Hemos estado felices de proporcionar *La Fuente* como un recurso digital gratuito por segundo año consecutivo, y de mantener su formato bilingüe inglés-español para llegar tanto a la anglósfera como al mundo de habla hispana. Aunque una copia impresa está disponible para su compra a través de la mayoría de las librerías en línea, la copia digital gratuita del primer número tuvo más de 1,000 descargas cuando se lanzó

por primera vez y desde entonces ha pasado de lector a lector en el vasto mundo del internet. A medida que el Instituto crece en su alcance e influencia, nuestra esperanza es bendecir a la iglesia dondequiera que esté con nuestros recursos digitales (videos, artículos, libros electrónicos, etc.), incluso en los lugares más remotos, siempre y cuando haya una conexión al internet. Con el tiempo, si el Señor lo permite, incluso podemos proporcionar recursos impresos a aquellos que más necesitan instrucción teológica y cosmovisión cristiana. Su ofrenda, su oración y compartir nuestros recursos nos ayudarán a crecer a tal escala de operaciones en el tiempo del Señor y de acuerdo con Su voluntad.

Tenemos cuatro autores para agradecer por sus generosos aportes a esta segunda edición de *La Fuente*. Cada uno tiene un corazón para el pueblo de Dios, para el crecimiento misional de la iglesia y para el avance de la cosmovisión cristiana. Estamos agradecidos y apreciamos sus contribuciones reflexivas. En el primer artículo, el director fundador de CI, Steven R. Martins, explica el triple oficio del hombre como profeta, sacerdote y rey, cómo el llamado se vio afectado por la caída y cómo se ha restaurado el llamado. En el segundo artículo, el asociado de CI Adolfo García de la Sienra nos sumerge en un poco de filosofía reformacional realizando un estudio comparativo entre los filósofos Francisco Suárez y Herman Dooyeweerd en relación con la ontología, el estudio de la naturaleza del ser. En el tercer artículo, Paul Aurich aborda las condiciones para el florecimiento humano y su relación con la cosmovisión cristiana. En el artículo final, B.J. van der Walt, en una conferencia originalmente presentada en 1981, aborda la relación del hombre con el estado, y cómo esa relación, así como la institución estatal, pueden corromperse cuando ocurre una desviación (o alejamiento) de la cosmovisión cristiana. En conjunto, los artículos aquí contenidos hablan del propósito y el llamado del hombre teológicamente, filosóficamente, culturalmente, socialmente, y más. Esperamos que sean una bendición para la iglesia, y que ayuden a cultivar ese espíritu reformacional que necesitamos para la reforma religiosa del mundo occidental e iberoamericano para la gloria de Dios.

La Fuente, la *Revista Iberoamericana para la Cosmovisión Cristiana* se publica una vez al año. Derechos de autor por el Cántaro Institute, 2022.

The Threefold Office of Man

by Steven R. Martins

Introduction

THERE IS NEVER A TIME when man does not ponder to himself his purpose and calling in a fallen and maddened world. Will Durant, a historian and philosopher, recounts that in the Fall of 1930, he was approached by a man who asked him why he should continue on living and not take his own life. Haunted by his own inability to answer him, he commissioned a panel of experts from various fields to attempt to answer this same question. In his letter he wrote:

> I am attempting to face a question which our generation, perhaps more than any, seems always ready to ask and never able to answer – What is the meaning or worth of human life? ...Heretofore this question has been dealt with chiefly by theorists... [and] has resulted in a disillusionment which has almost broken the spirit of our race.[1]

The notion that our world is fallen, that is, not what it ought to be, is painfully present in the human mind, and one of the many ways that this notion manifests its presence is in the yearning of wanting to make one's life count for something. As the preacher wrote in Ecclesiastes, "I considered all that my hands had done and the toil I had expended in doing it, and behold, all was vanity and a striving after wind, and there was nothing to be gained under the sun" (Eccl. 2:11). What significance lies in man's work? What purpose does he serve in the universe? Is life nothing more than vanity under the sun?

These questions are a reflection of the lost and fallen state of man, for having been created in the *imago Dei*, man was originally created with a clear meaningful purpose. Having rebelled against his Creator, and this being in the form of setting himself up as his own authority by means of the violation of God's law, he has effectually plunged himself into a mire of confusion, suppressing all true sense of man's created structure and direction, and blinding himself to the truth of God. I use the term "structure" here because every created structure serves a purpose, and man, being a creature, bears a purpose in his being (and all that which flows from it), which in turn steers towards a particular direction.

Our first parents, Adam and Eve, were created by God after his divine image, setting them apart from the rest of creation. They were similar to God by virtue of the nature of their creation, but not of same substance, for the uncreated Creator remained the Creator, and the creature bearing the image of the Creator remained a creature. Throughout the text of revealed Scripture, there is a clear Creator-creation distinction, and thus man can be best understood as having derivative being and knowledge, in that his being, what and who he is, is derived from his Creator, and what he knows, both quantitatively and qualitatively, is analogically derived from what God originally and ultimately knows.[2]

It is according to Genesis 1:28 that we understand man's purpose and calling as being closely tied to his bearing the *imago Dei*. In the text, God commissions man to "be fruitful and multiply and fill the earth and subdue it, and have dominion over the fish of the sea and over the birds of the heavens and over every living things that moves on the earth." Man was, in other words, to be God's vice-regent over all creation, he was to govern the earth for, and subject to God. And being a derivative being with derivative knowledge, he is the only creature of creation qualified for such an appointed task, which consisted of not only preserving creation, but cultivating it as well (Gen. 2:15). As the Christian thinker Joe Boot explains, "This is what our first parents were set in the garden to do as royal priests in God's cosmic temple – to subdue and develop all things under God and turn creation into a God-glorifying culture, cultivating everything in terms of his will and purpose as an act of worship."[3]

Man's purpose, therefore, is to cultivate God's creation into a godly civilization according to the standards and principles of God's revelation. And this was to be achieved through man's threefold office, as being God's prophet, priest and king. This threefold office was to be distinctly vertical in its direction, glorifying not the creation, that is, the horizontal, but rather the Sovereign

Creator God who transcends creation. To put it more plainly, it was to be made outwardly clear that man, as God's prophet, would interpret created reality after God; as priest, would dedicate creation unto God; and as king, would govern and rule subject to God. As the theologian Herman Bavinck notes:

> The idea of humanness encompasses within itself this threefold dignity and activity. Human beings have a head to know, a heart to give themselves, a hand to govern and to lead; correspondingly, they were in the beginning equipped by God with knowledge and understanding, with righteousness and holiness, with dominion and glory (blessedness).[4]

This threefold calling encompasses man's true purpose, and meaningful it is for it glorifies God, worthy of praise. But as long as man continues to reject his creational purpose in sinful rebellion, his purposelessness will inevitably beget meaninglessness, which thus renders him lost in his own futility, subject to a tireless toiling under the sun.

It should be noted that man's threefold office has not ceased in anyway as a result of his sinful rebellion, for all that man has done, in the name of his pretended autonomy, that is to say, his setting himself up as the ultimate authority (or ultimate criterion for all knowledge), is corrupt the nature of his office by changing its direction from a vertical to a horizontal orientation.

Man as Prophet

Man, as God's prophet, was to interpret his life and experience according to the authoritative word of God, and this meant that, as an intellectual calling, man was to heed God's word as his ultimate authority for all knowledge, so that by it he might think God's thoughts after him. As a late theologian had put it:

> A prophet is one who speaks God's word and interprets the world and its events in terms of God's law. The prophet role of man, therefore, as given to Adam, was to develop the world and to interpret it, to analyze it, to study it in terms of God's word.[5]

In other words, Adam was to presuppose the fact that man, along with the rest of creation, lived in God's world, and that they all came from the hand of their Creator. And as a result of living in God's world and having come from him, we are thus subject to God's law and his sovereign reign. We might put it this way, God's propositional revelation was to serve as the lens by which man might view and interpret the world so that God's truths may be known and embraced. So long as man remained in agreement with God and his law, he would continue to be his true self, viewing created reality for what it is and cultivating it towards its intended destiny, that is, the realization of God's kingdom on earth. But the very moment that man departed from God and his law, he ceased to be his true self and, as a result, his understanding was darkened (Eph. 4:18), effectively polluting his mind and corrupting all his cultural efforts.

This is not to say that man cannot know or accomplish anything if he is alienated from God, for both the natural man and the regenerated believer will agree to know that 2+2=4, for example, but the real point of difference is the ultimate starting point of knowledge as opposed to the immediate, which is vitally important for the predication of reality (or the making sense of reality). The natural man may agree that 2+2=4, and that it will always be 4, because mathematical law applies, but as opposed to the regenerate believer who can make sense of such a law from the Scriptural worldview, the natural man has no means by which he can make sense of mathematical law. If he be a naturalist, he must explain how absolute laws can exist in a uni-verse governed by chaos and chance. If he be a pantheist, he must explain how laws can at all prescribe, regulate and/or prohibit anything when it is all the same, part of the vast and pure undifferentiated oneness.

The Christian philosopher Cornelius Van Til helps to clarify the error in the natural man's thinking in his analogy of the diver, where in his book *A Survey of Christian Epistemology*, he presents the illustration of a diver standing at the tip of a diving board, and all that he can see is the tip on which he is standing and the water all around him.[6] If he were to refer to the tip of the diving board as his starting point, he could mean either of two things: (i) If he were ignorant of the connection between the diving board and its concrete base, he would mean that the tip is his permanent or ultimate starting point. (ii) If he were aware of the connection between the diving board and its concrete base, he would mean that the tip is his immediate starting point. The natural man perceives the tip of his diving board, that is, himself, as his ultimate starting point, and thus thinks that he can rightly interpret the 'neutral' facts of reality from where he stands. To put it more simply, he believes, according to his pretended autonomy, that he can know and understand the world as it is. But he fails to comprehend that by denying the true ultimate starting point for all knowledge, that being the Creator God of Scripture, he is essentially rendering the whole of reality unintelligible. As Van Til rightly claimed, "Now in fact, I feel that the whole of history and civilization would be unintelligible to me if it were not for my belief in God. So true is this, that I propose to argue that unless God is back of everything, you cannot find meaning in anything."[7]

The truth of the matter is, man cannot independently, as a result of his sin, rightly interpret this world because of his suppression of the truth (Rom. 1:18). He cannot rightly interpret the 'neutral' facts of reality because no facts are neutral, all facts and evidences are *God's facts and evidences*. And if facts were ever neutral, or brute facts, then they should, by implication, be indistinguishable from each other, nothing more than a collection of undifferentiated data.

Essentially, what had occurred in the fall was the rejection of true knowledge in favor of a false concept of knowledge, the exchange of God for man as the ultimate starting point for all thought, an exchange which falsely promised man the realization of his desired deification. As the theologian Geerhardus Vos rightly noted,

the effect of sin on the totality of man resulted in his "radical reversal," whereas before man was created originally upright and in close communion with the living God, sin has ravaged his being and has disrupted his communion with God by reorienting the direction of his worship towards that of creation, resulting in his spiritual depravation, disorganization, and decomposition.[8] Self-destructive man, therefore, no longer interprets created reality after God, but now as his own prophet, interprets reality according to his own finite, baseless and fallen thought. And this he does not do due to a lack of knowledge, as if one could claim blind ignorance as an excuse, but instead as the French Protestant Reformer John Calvin taught, we all have the *sensus divinitatus*, sense of the divine (Rom. 1),[9] and yet due to our suppression of the truth, scholar R.C.H. Lenski puts it: "Light, indeed, abounds; all nature radiates and seeks to illuminate the heart, but this senseless heart sees and yet does not see, knows and yet does not know."[10]

It is precisely because of man's helpless state that God provided his special, written revelation, the only authoritative interpretation of created reality, that by God's law-word, man and the rest of creation may be restored by the grace of God to their proper structure and direction, beginning first with the core root unity of man, and from there, everything else.

Man as Priest

Man's office as prophet cannot be separated from his other offices as priest and king, for though there are clear distinctions between these three, any separation would be merely artificial and a denial of the fact that these three offices presuppose one another. For as man is called to interpret created reality after God as prophet, he is also to dedicate the whole of creation through his cultural work as a form of worship unto God, that he might consecrate himself along with the totality of reality to "the service of the living God."[11] It follows then that if man is to act out what he interprets of the world, then he can do nothing else but dedicate creation either unto God or unto creation, dependent on the state and condition of his heart. And these are in fact the only two possible directions of worship, vertical (God-oriented) or horizontal (creation-oriented).

As culture is the result of cultivating God's creation, that is, man's beneficiary interaction with his natural surroundings, then all that man puts his hand to do, whether that be in agriculture, economics, architecture, academics, law-making, art or anything else, are to be regarded as priestly functions, for they all exhibit a direction of worship towards a perceived sovereign. From the very beginning, it was God's true intention for Adam to glorify God, and this was to be made manifest in not only the obedience of that one commandment in that one moment of time, that is, the not eating of the forbidden tree, but instead, to be "self-consciously obedient in all that he did with respect to all things and throughout time."[12] In other words, the tree of knowledge would serve as an example as to how man "should or should not respect all other trees,"[13] that by living in obedience in respect to the tree of knowledge, man could then live in obedience in all the other aspects of created existence. His cultural work would therefore be reflective of a godly character seeking to glorify God in all its ends, working towards establishing God's kingdom on earth. The cultural mandate was then, essentially, given unto man in order that he might develop and keep God's creation in obedience to him, for God's kingdom was to be characterized by God's standards and norms.

But the moment that man departed from God by rejecting his rightful sovereignty, all that he does, all that he thinks, and all that he believes has become profane and futile. He has exchanged his worship of the Creator for the creation, and now dedicates everything to himself, putting the whole world, that is, every person and thing, to his own service. Having done this, all that he does has become profane and futile because, when man serves any other purpose other than the priestly purpose he was created for, that is, to glorify God in every aspect of life, he cannot help but become profane in the centrality and totality of his being. The word 'profane,' from the Greek *profanos*, means "outside the temple, that is, outside God."[14] As a late theologian commented:

> The real meaning of profane... is any kind of living, speaking, thinking that is outside God. This is why some older works spoke of holy and profane living. Language is profane when it is outside God, whether the words are what we call profanity or not. Any kind of speaking, living or acting outside of God is profane.[15]

Man's priestly office, therefore, meant that he was created, purposed and called to dedicate unto God all his thinking, living and acting, for he bears the image of the Creator, and he lives in a world where there exists nothing that God does not claim as his sovereign domain. It is truthfully of no consequence to God's glory that sinful man insists on dedicating creation unto itself, for all that is true, just, beautiful and good in God's creation continues to glorify God. And as God has promised in his word, all of creation shall be made right again, all of creation shall be made perfect for the magnificent and incomprehensible glory of God; and as He carries out this redemptive plan, man shall be restored to his rightful priestly function in order that he might fulfill his God-glorifying call to worship.

Man as King

When we consider that the natural man seeks to interpret reality after his own fallen thought, and that he seeks to dedicate creation unto his own service, we discern that he is, essentially, seeking to be his own king. This earthly kingdom which he seeks to prop up against God's is characterized by one's own unrestrained sinful desires, in terms of one's own self-worshipping goals. Morality, reality and epistemology are the subjects of redefinition in this humanistic, creation-worshipping worldview that underlies this kingdom. It is the manifestation of man's much-sought-after autonomy, *auto*-self, *nomos*-law, to be a law unto oneself.

Man essentially believes that he can be the measure of all things, what Adam and Eve thought they could attain by eating from the tree of knowledge. But this supposed 'freedom' or 'liberty,' which enticed our first parents, is not in fact what man thinks it to be, for it further buries man into his abyss of purposelessness and meaninglessness, tightening the shackles of sin. It is of little wonder then, that in living in antithesis to the kingdom standards and norms of God, where true liberty is found in fact, that natural man finds himself totally lost in regards to the purpose and meaning of life.

In his created being there is an echo of the Edenic paradise that preceded our fallen world, and yet despite all his attempts to return to such a paradise, he stumbles in circles in attempting to mold, remold and remold again society as he sees fit. There is, essentially, a break-down in logical thought, for man seeks that which only God can provide, the restoration of creation, and the reasoning behind the various structures of creation, and yet in suppressing God and his truth, he cannot help but reap disorganization and destruction as the result of blindly sowing corruption.

This was not, however, the original state of man, for in the very beginning Adam was called to govern and rule as God's vice-regent over all of creation, in order that he might bring all things under the sway of God's law (Gen. 1:28). The creation of the world was not some social or metaphysical experiment, with some blank slate for man to make of it whatever he wished without any guiding principle, but rather, it was purposed by God from eternity past to be his kingdom, and the glory of that kingdom was to be developed by man subject to God in terms of God's purpose. As Bavinck notes:

> Gen. 1:26 teaches us that God had a purpose in creating man in His image: namely that man should *have dominion*... If now we comprehend the force of this subduing (dominion) under the term of *culture*... we can say that *culture in its broadest sense is the purpose for which God created man after his image.*[16]

In his fictional masterpiece of *The Chronicles of Narnia*, C.S. Lewis hinted at the restoration of man's kingly office in the poetic prophecy of the rightful kings and queens of Narnia, those being the sons of Adam and the daughters of Eve. As the Narnian prophecy goes: "When Adam's flesh and Adam's bone, Sits at Cair Paravel in throne, The evil time will be over and done."[17] As man, so long as he is apart from God, cannot help but interpret reality after his fallen thought, dedicate creation unto himself, and rule it according to his arbitrary and fallen judgment, God must then provide a prophet, priest and king free from the bondage of the first Adam who can restore man to his rightful created place. This last Adam must be able to interpret reality rightly after God, dedicate creation faithfully unto God, and govern and rule over all creation subject to and in accordance with the authority and law of God. It is only such an Adam who can make our world right again.

The Restoration of the Threefold Office in the Last Adam

The late theologian Charles Hodge writes of the need for such a redemptive and restorative figure, stating that:

> We as fallen men, ignorant, guilty, polluted, and helpless, need a Saviour who is a prophet to instruct us; a priest to atone and to make intercession for us; and a king to rule over and protect us. And the salvation which we receive at his hands includes all that a prophet, priest and king in the highest sense of those terms can do.[18]

In truth, the threefold office as prophet, priest and king is supremely and maximally fulfilled in Christ

the Son of God. He was appointed from eternity past to be *THE* prophet, priest and king, and this appointment is different from all the rest, for while prophets, priests and kings were appointed throughout the Scriptural narrative, in eternity past they existed in the thought and intention of God and historically fell under the curse of sin, but Christ existed eternally with the Father, and is free from all corruption.

The threefold office of Christ, though having been denied by several theologians, is a biblical truth which cannot be denied without denying the very person of Christ. Alluding to his prophetic office, for example, he proclaimed the law and the gospel as absolute and exclusive truth (Matt. 5), speaking as one having authority, for all things obeyed his command (Mark 1:22; 4:41; Luke 4:32). Having come into the world to testify of the truth (John 18:37), he called himself a king, and with miraculous signs and wonders he confirms even to this day the veracity and authority of his teaching (John 2:11; 10:37), reflecting not only his royal power (Matt. 9:6, 8; 21:23) but also his priestly compassion (Matt. 8:17). The gospels do not record Christ as having merely performed the functions of a prophet, priest and king, but as also being in his entirety prophet, priest and king, operating even today, for as the author of Hebrews writes, "Jesus Christ is the same yesterday and today and tomorrow" (Heb. 13:8).

Man, in his great need, needed a Saviour, God in his inconceivable grace, provided through his Son. As Bavinck writes:

> Christ, both as the Son and as the image of God, for himself and also as our mediator and savior, had to bear all three offices. He had to be a prophet to know and to disclose the truth of God; a priest, to devote himself to God, and, in our place, to offer himself up to God; a king, to govern and protect us according to God's will. To teach, to reconcile, and to lead; to instruct, to acquire, and to apply salvation; wisdom, righteousness, and redemption; truth, love, and power – all three are essential to the completeness of our salvation. In Christ's God-to-humanity relation, he is a prophet; in his humanity-to-God relation, he is a priest; in his headship over all humanity he is a king.[19]

Christ, therefore, being the prophet, priest and king, has taken up the cultural mandate which Adam had failed to fulfill, so that man might again be enabled to fulfill this sacred task in Christ. For it is by the means of gospel renewal, as God's church faithfully proclaims and applies scriptural truth to all spheres of life, that the cultural mandate is made possible again for created man, for at the heart of the Great Commission (Matt. 28:18-20), that is, the mission of the church, is the restoration of man to his created purpose and meaning. To interpret reality after God, that is, in agreement with God's word; to dedicate creation unto God's service, through the creation and shaping of culture; and to govern creation for, and subject to, God's everlasting kingdom.

Christ, who sets us right again by bringing us from death to life, from condemned to forgiven, from corrupted to redeemed, has not come just so that we may look unto some far off future eternal life, he has come to restore us to our threefold office, as God's prophet, priest and king, subject to Christ and his Lordship. The fullness of life that so characterizes the Christian faith is not some abstract hope stockpiled for some time after our earthly lives, it is rooted and fully expressed in the person and ministry of Christ, a life which man can abundantly enjoy in the present and for all eternity; and it is this life-giving Christ who will, by his grace, use his church for his triumphant glory to bring about the healing and restoration of all creation. As Lewis hinted in another volume of *The Chronicles of Narnia*, "As Adam's race has done the harm, Adam's race shall help to heal it."[20] Man's true purpose and meaning, in light of the fall, is to cultivate creation into a godly civilization, in terms of the kingdom of God, and by the grace of God. A culture that is structurally rooted in God's revelation, and directionally oriented towards the Creator.

Endnotes

1   *On the Meaning of Life*, Will Durant, ed. (US: Promethean Press, 2011), Kindle Edition.

2   Greg L. Bahnsen, *Always Ready: Directions for Defending the Faith*, ed. Robert R. Booth (Nacogdoches, TX.: Covenant Media Press, 2011), 19.

3   Joe Boot, *Gospel Culture: Living in God's Kingdom* (Toronto, ON.: Ezra Press, 2017), 4.

4   Herman Bavinck, *Reformed Dogmatics, 4 Vols.*, Vol. 3 (Grand Rapids, MI.: Baker Academic, 2006), 367.

5   R.J. Rushdoony, "Salvation and Godly Rule: Prophet, Priest & King." Pocket College. Accessed March 6, 2017. http://www.pocketcollege.com/transcripts/091%20-%20Salvation%20and%20Godly%20Rule/RR136AG62.html.

6   Cornelius Van Til, *A Survey of Christian Epistemology, Vol. 2 of the Series In Defense of Biblical Christianity* (Phillipsburg, NJ.: Presbyterian and Reformed Publishing Co., 1969), 106.

7   Cornelius Van Til, *Why I Believe in God* (Philadelphia: Committee on Christian Education of the Orthodox Presbyterian Church, n.d.), 3.

8   Geerhardus Vos, *Reformed Dogmatics, Vol. Two: Anthropology*, ed. Richard B. Gaffin, Jr., trans. Richard B. Gaffin, Jr. et al. (Grand Rapids, MI.: Lexham Press, 2012), 14.

9   See John Calvin, *Institutes of the Christian Religion*, Henry Beveridge, trans. (Peabody, MA.: Hendrickson Publishers, 2008), 9-11.

10 R.C.H. Lenski, *The Interpretation of St. Paul's Epistle to the Romans* (Columbus, OH.: Lutheran Book Concern, 1936), 104.

11 Rushdoony, "Salvation and Godly Rule: Prophet, Priest & King."

12 Cornelius Van Til, *Christian Apologetics* (Phillipsburg, NJ.: P&R Books, 2003), 69-70.

13 Ibid.

14 Rushdoony, "Salvation and Godly Rule: Prophet, Priest & King."

15 Ibid.

16 Herman Bavinck, "The Origin, Essence and Purpose of Man," in *Selected Shorter Works of Herman Bavinck*, John Hendryx, ed. (West Linn, OR.: Monergism Books, 2015), loc. 469.

17 C.S. Lewis, *The Chronicles of Narnia: The Lion, the Witch and the Wardrobe* (New York, NY.: HarperCollins Publishers, 2002), 87.

18 Charles Hodge, *Systematic Theology,*

3 Vols., Vol. 2 (Peabody, MA.: Hendrickson Publishers, 2016), 461.

[19]   Bavinck, *Reformed Dogmatics, 4 Vols.*, Vol. 3, 367-368.

[20]   C.S. Lewis, *The Magician's Nephew* (New York, NY.: HarperCollins Publishers, 2002), 162.

El Triple Oficio del Hombre

por Steven R. Martins

Introducción

No EXISTE UN MOMENTO en que el hombre no reflexione para sí mismo sobre su propósito y llamado en un mundo caído y enloquecido. Will Durant, historiador y filósofo, relata que, en el otoño de 1930, se le acercó un hombre que le preguntó por qué debía seguir viviendo y no quitarse la vida. Atormentado por su propia incapacidad de responderle, encargó a un panel de expertos de diversos campos que intentaran responder a esta misma pregunta. En su carta escribió:

> Estoy tratando de enfrentar una pregunta que nuestra generación, tal vez más que ninguna otra, parece estar siempre dispuesta a hacerse y nunca puede responder: ¿Cuál es el significado o el valor de la vida humana? ... Hasta ahora, esta cuestión ha sido tratada principalmente por teóricos... [y] ha resultado en una desilusión que casi ha quebrantado el espíritu de nuestra raza.[1]

La noción de que nuestro mundo está caído, es decir, no es lo que debería ser, está dolorosamente presente en la mente humana, y una de las muchas formas en que esta noción manifiesta su presencia es en el anhelo de querer hacer que la vida de uno cuente para algo. Como escribió el predicador en Eclesiastés: "Consideré luego todas las obras que mis manos habían hecho y el trabajo en que me había empeñado, y he aquí, todo era vanidad y correr tras el viento, y sin provecho bajo el sol" (Eclesiastés 2:11). ¿Qué significado tiene el trabajo del hombre? ¿Qué propósito sirve el hombre en el universo? ¿Es la vida nada más que vanidad bajo el sol?

Estas preguntas son un reflejo del estado perdido y caído del hombre, porque habiendo sido creado en

27

la *imago Dei*, el hombre fue creado originalmente con un claro propósito significativo. Habiéndose rebelado contra su Creador, y éste siendo en la forma de establecerse como su propia autoridad por medio de la violación de la ley de Dios, se ha sumergido efectivamente en un fango de confusión, suprimiendo todo verdadero sentido de la estructura y dirección creadas por el hombre, y cegándose a la verdad de Dios. Utilizo el término "estructura" aquí porque cada estructura creada sirve a un propósito, y el hombre, siendo una criatura, tiene un propósito en su ser (y todo lo que fluye de él), que a su vez se dirige hacia una dirección particular.

Nuestros primeros padres, Adán y Eva, fueron creados por Dios según su imagen divina, separándolos del resto de la creación. Eran similares a Dios en virtud de la naturaleza de su creación, pero no de la misma sustancia, porque el Creador increado seguía siendo el Creador, y la criatura que llevaba la imagen del Creador seguía siendo una criatura. A lo largo del texto de la Escritura revelada, hay una clara distinción Creador-creación, y por lo tanto el hombre puede entenderse mejor como teniendo un ser y conocimiento derivado, en el sentido de que su ser, qué y quién es, se deriva de su Creador, y lo que sabe, tanto cuantitativa como cualitativamente, se deriva analógicamente de lo que Dios sabe original y finalmente.[2]

Es de acuerdo con Génesis 1:28 que entendemos el propósito y el llamado del hombre como si estuvieran estrechamente ligados a su porte de la *imago Dei*. En el texto, Dios encarga al hombre que "Sed fecundos y multiplicaos, y llenad la tierra y sojuzgadla; ejerced dominio sobre los peces del mar, sobre las aves del cielo y sobre todo ser viviente que se mueve sobre la tierra." El hombre debía, en otras palabras, ser el vice-regente de Dios sobre toda la creación, debía gobernar la tierra y estar sujeto a Dios. Y siendo un ser derivado con conocimiento derivado, es la única criatura de la creación calificada para tal tarea designada, que consistía no solo en preservar la creación, sino también cultivarla (Génesis 2:15). Como explica el pensador cristiano Joe Boot, "Esto es lo que nuestros primeros padres fueron establecidos en el jardín para hacer como sacerdotes reales en el templo cósmico de Dios: someter y desarrollar todas las cosas bajo Dios y convertir la creación en una cultura glorificadora de Dios, cultivando todo en términos de su voluntad y propósito como un acto de adoración."[3]

El propósito del hombre, por lo tanto, es cultivar la creación de Dios en una civilización piadosa de acuerdo con los estándares y principios de la revelación de Dios. Y ésto debía lograrse a través del triple oficio del hombre, como profeta, sacerdote y rey de Dios. Este triple oficio debía ser claramente vertical en su dirección, glorificando no a la creación, es decir, al plano horizontal, sino más bien al Dios Creador Soberano que trasciende la creación. Para decirlo más claramente, debía quedar claro externamente que el hombre, como profeta de Dios, interpretaría la realidad creada después de Dios; como sacerdote, dedicaría la creación a Dios; y como rey, gobernaría y reinaría sujeto a Dios. Como señala el teólogo Herman Bavinck:

> La idea de humanidad engloba en sí misma esta triple dignidad y actividad. Los seres humanos tienen una cabeza para conocer, un corazón para dar a sí mismos, una mano para gobernar y liderar; en consecuencia, en el principio estaban equipados por Dios con conocimiento y entendimiento, con justicia y santidad, con dominio y gloria (bienaventuranza).[4]

Este triple llamado abarca el verdadero propósito del hombre, y es significativo porque glorifica a Dios, digno de alabanza. Pero mientras el hombre continúe rechazando su propósito creacional en su rebelión pecaminosa, su falta de propósito inevitablemente engendrará falta de sentido, lo que lo hace perderse en su propia inutilidad, sujeto a un trabajo exhaustivo bajo el sol.

Cabe señalar que el triple oficio del hombre no ha cesado de ninguna manera como resultado de su rebelión pecaminosa, porque todo lo que el hombre ha hecho, en nombre de su pretendida autonomía, es decir, establecerse como la autoridad última (o criterio último para todo conocimiento), es corromper la naturaleza de su oficio al cambiar su dirección de una orientación vertical a una horizontal.

El Hombre como Profeta

El hombre, como profeta de Dios, debía interpretar su vida y experiencia de acuerdo con la palabra autoritaria de Dios, y ésto significaba que, como un llamado intelectual, el hombre debía prestar atención a la palabra de Dios como su máxima autoridad para todo conocimiento, para que por ella él pudiera pensar según los propios pensamientos de Dios. Como lo había dicho un teólogo tardío:

> Un profeta es aquel que habla la palabra de Dios e interpreta el mundo y sus eventos en términos de la ley de Dios. El papel profético del hom-

bre, por lo tanto, tal como se le dio a Adán, era desarrollar el mundo e interpretarlo, analizarlo, estudiarlo en términos de la palabra de Dios.[5]

En otras palabras, Adán debía presuponer el hecho de que el hombre, junto con el resto de la creación, vivía en el mundo de Dios, y que todos ellos venían de la mano de su Creador. Y como resultado de vivir en el mundo de Dios y haber venido de Él, estamos sujetos a la ley de Dios y a su reinado soberano. Podríamos decirlo de esta manera: la revelación proposicional de Dios debía servir como la lente por la cual el hombre podría ver e interpretar el mundo para que las verdades de Dios pudieran ser conocidas y aceptadas. Mientras el hombre permaneciera de acuerdo con Dios y su ley, continuaría siendo su verdadero ser, viendo la realidad creada como lo que es y cultivándola hacia su destino previsto, es decir, la realización del reino de Dios en la tierra. Pero en el mismo momento en que el hombre se apartó de Dios y de su ley, dejó de ser su verdadero ser y, como resultado, su comprensión se oscureció (Efesios 4:18), contaminando efectivamente su mente y corrompiendo todos sus esfuerzos culturales.

Esto no quiere decir que el hombre no pueda saber o lograr nada si está alienado de Dios, porque tanto el hombre natural como el creyente regenerado estarán de acuerdo en saber que $2 + 2 = 4$, por ejemplo; pero el verdadero punto de diferencia es el punto de partida último del conocimiento en oposición a lo inmediato, que es de vital importancia para la predicación de la realidad (o el sentido de la realidad). El hombre natural puede estar de acuerdo en que $2 + 2 = 4$, y que siempre será 4, porque se aplica la ley matemática, pero a diferencia del creyente regenerado que puede dar sentido a tal ley desde la cosmovisión bíblica, el hombre natural no tiene medios por los cuales pueda dar sentido a la ley matemática. Si es un naturalista, debe explicar cómo pueden existir leyes absolutas en un universo gobernado por el caos y el azar. Si es panteísta, debe explicar cómo las leyes pueden prescribir, regular y/o prohibir cualquier cosa cuando es todo lo mismo, parte de la vasta y pura unidad indiferenciada.

El filósofo cristiano Cornelius Van Til ayuda a aclarar el error en el pensamiento del hombre natural en su analogía del buceador, donde en su libro *A Survey of Christian Epistemology*, presenta la ilustración de un buceador parado en la punta de un trampolín, y todo lo que puede ver es la punta en la que está parado y el agua a su alrededor.[6] Si nos referimos al trampolín como su punto de partida, podría significar cualquiera de dos cosas: (i) Si ignorara la conexión entre el trampolín y su base de concreto, significaría que la punta es su punto de partida permanente o final. (ii) Si fuera consciente de la conexión entre el trampolín y su base de concreto, querría decir que la punta es su punto de partida inmediato. El hombre natural percibe la punta de su trampolín, es decir, a sí mismo, como su punto de partida final, y por lo tanto piensa que puede interpretar correctamente los hechos "neutrales" de la realidad desde donde se encuentra. Para decirlo más simplemente, él cree, de acuerdo con su pretendida autonomía, que puede conocer y entender el mundo tal como es. Pero no comprende que, al negar el verdadero punto de partida final para todo conocimiento, eso siendo el Dios Creador de las Escrituras, esencialmente está haciendo que toda la realidad sea ininteligible. Como Van Til afirmó con razón: "Ahora, de hecho, siento que toda la historia y la civilización serían ininteligibles para mí si no fuera por mi creencia en Dios. Tan cierto es esto, que propongo argumentar que a menos que Dios esté detrás de todo, no puedes encontrar significado en nada."[7]

La verdad del asunto es que el hombre no puede, independiente-mente, como resultado de su pecado, interpretar correctamente este mundo debido a su supresión de la verdad (Rom. 1:18). No puede interpretar correctamente los hechos "neutrales" de la realidad porque ningún hecho es neutral, todos los hechos y evidencias son hechos y evidencias de Dios. Y si los hechos fueran alguna vez neutrales, o hechos brutos, entonces deberían, por implicación, ser indistinguibles entre sí, nada más que una colección de datos indiferenciados.

Esencialmente, lo que había ocurrido en la caída era el rechazo del verdadero conocimiento en favor de un falso concepto de conocimiento, el intercambio de Dios por el hombre como el punto de partida final para todo pensamiento, un intercambio que falsamente prometía al hombre la realización de su deificación deseada. Como señaló acertadamente el teólogo Geerhardus Vos, el efecto del pecado en la totalidad del hombre resultó en su "inversión radical", mientras que antes el hombre fue creado originalmente recto y en comunión íntima con el Dios vivo, el pecado ha devastado su ser y ha interrumpido su comunión con Dios al reorientar la dirección de su adoración hacia la creación, resultando en su depravación espiritual, desorganización y descomposición.[8] El hombre autodestructivo, por lo tanto, ya no interpreta la realidad creada después de Dios, sino que ahora como su propio profeta, interpreta la realidad de acuerdo con su propio pensamiento finito, infundado y caído. Y esto no lo hace debido a la falta de conocimiento, como si uno pudiera reclamar la ignorancia ciega como una excusa, sino que, como enseñó el reformador protestante francés Juan Calvino, todos tenemos el *sensus divinitatus*, sentido de lo divino (Rom. 1),[9] y sin embargo, debido a nuestra supresión de la verdad, el erudito R.C.H. Lenski lo expresa: "La luz, de hecho, abunda; toda la naturaleza irradia y busca iluminar el corazón, pero este corazón sin sentido ve y sin embargo no ve, sabe y sin embargo no sabe."[10]

Es precisamente debido al estado indefenso del hombre que Dios proveyó su revelación especial y escrita, la única interpretación autoritaria de la realidad creada, para que por la palabra-ley de Dios, el hombre y el resto de la creación puedan ser restaurados por la gracia de Dios a su estructura y dirección apropiadas, comenzando primero con la unidad raíz central del hombre, y desde allí, todo lo demás.

El Hombre como Sacerdote

El oficio del hombre como profeta no puede separarse de sus otros oficios como sacerdote y rey, porque, aunque hay claras distinciones entre estos tres, cualquier separación sería meramente artificial y una negación del hecho de que estos tres oficios se presuponen entre sí. Porque, así como el hombre está llamado a interpretar la realidad creada después de Dios como profeta, también debe dedicar toda la creación a través de su trabajo cultural como una forma de adoración a Dios, para que pueda consagrarse junto con la totalidad de la realidad al "servicio del Dios vivo."[11] Se deduce entonces que, si el hombre ha de manifestar lo que interpreta del mundo, entonces no puede hacer otra cosa que dedicar la creación a Dios o a la creación, dependiendo del estado y la condición de su corazón. Y éstas son, de hecho, las únicas dos direcciones posibles de adoración, vertical (orientada a Dios) u horizontal (orientada a la creación).

Como la cultura es el resultado de cultivar la creación de Dios, es decir, la interacción beneficiaria del hombre con su entorno natural, entonces en todo lo que el hombre pone su mano para hacer, ya sea en la agricultura, la economía, la arquitectura, lo académico, la legislación, el arte o cualquier otra cosa, debe considerarse como funciones sacerdotales, ya que todas exhiben una dirección de adoración hacia un soberano percibido. Desde el principio, fue la verdadera intención de Dios que Adán glorificara a Dios, y ésto debía manifestarse no sólo en la obediencia de ese único mandamiento en ese momento del tiempo, es decir, no comer del árbol prohibido, sino en ser "conscientemente obediente en todo lo que hizo con respecto a todas las cosas y a lo largo del tiempo."[12] En otras palabras, el árbol del conocimiento serviría como un ejemplo de cómo el hombre "debe o no debe respetar todos los demás árboles",[13] que, al vivir en obediencia con respecto al árbol del conocimiento, el hombre podría entonces vivir en obediencia en todos los demás aspectos de la existencia creada. Por lo tanto, su trabajo cultural reflejaría un carácter piadoso que busca glorificar a Dios en todos sus fines, trabajando para establecer el reino de Dios en la tierra. El mandato cultural fue entonces, esencialmente, dado al hombre para que pudiera desarrollar y mantener la creación de Dios en obediencia a Él, porque el reino de Dios debía caracterizarse por los estándares y normas de Dios.

Pero el momento en que el hombre se apartó de Dios al rechazar su legítima soberanía, todo lo que hace, todo lo que piensa y todo lo que cree se ha vuelto profano e inútil. Él ha cambiado su adoración al Creador por la creación, y ahora dedica todo a sí mismo, poniendo al mundo entero, es decir, a cada persona y cosa, a su propio servicio. Habiendo hecho esto, todo lo que hace se ha vuelto profano e inútil porque, cuando el hombre sirve a cualquier otro propósito que no sea el propósito sacerdotal para el que fue creado, es decir, glorificar a Dios en todos los aspectos de la vida, no puede evitar volverse profano en la centralidad y totalidad de su ser. La palabra 'profano', del griego *profanos*, significa "fuera del templo, es decir, fuera de Dios."[14] Como comentó un teólogo tardío:

El verdadero significado de profano... es cualquier tipo de vivir, hablar, pensar que está fuera de Dios. Es por eso que algunas obras más antiguas hablaban de una vida santa y profana. El lenguaje es profano cuando está fuera de Dios, ya sea que las palabras sean lo que llamamos blasfemia o no. Cualquier tipo de hablar, vivir o actuar fuera de Dios es profano.[15]

El oficio sacerdotal del hombre, por lo tanto, significaba que él fue creado, con propósito y llamado a dedicar a Dios todo su pensamiento, vida y actuación, porque él lleva la imagen del Creador, y vive en un mundo donde no existe nada que Dios no reclame como su dominio soberano. Es verdaderamente sin ninguna consecuencia para la gloria de

Dios que el hombre pecador insista en dedicar la creación a sí mismo, porque todo lo que es verdadero, justo, hermoso y bueno en la creación de Dios continúa glorificando a Dios. Y como Dios ha prometido en su palabra, toda la creación será hecha recta de nuevo, toda la creación será perfeccionada para la magnífica e incomprensible gloria de Dios; y al llevar a cabo este plan redentor, el hombre será restaurado a su función sacerdotal legítima para que pueda cumplir su llamado a adorar a Dios para su gloria.

El Hombre como Rey

Cuando consideramos que el hombre natural busca interpretar la realidad según su propio pensamiento caído, y que busca dedicar la creación a su propio servicio, discernimos que está, esencialmente, buscando ser su propio rey. Este reino terrenal que él busca apuntalar contra el de Dios se caracteriza por los propios deseos pecaminosos desenfrenados, en términos de las propias metas de auto adoración. La moralidad, la realidad y la epistemología son los temas de redefinición en esta cosmovisión humanista y adoradora de la creación que subyace a este reino. Es la manifestación de la tan buscada autonomía del hombre, *auto*-yo, *nomos*-ley, de ser una ley para uno mismo. El hombre esencialmente cree que él puede ser la medida de todas las cosas, lo que Adán y Eva pensaron que podían alcanzar comiendo del árbol del conocimiento. Pero esta supuesta "libertad" o "independencia", que atrajo a nuestros primeros padres, no es en realidad lo que el hombre piensa que es, ya que entierra aún más al hombre en su abismo de falta de propósito y falta de sentido, apretando los grilletes del pecado. No es de extrañar, entonces, que al vivir en antítesis de los estándares y normas del reino de Dios, donde se encuentra la verdadera libertad de hecho, el hombre natural se encuentre totalmente perdido en lo que respecta al propósito y el significado de la vida.

En su ser creado hay un eco del paraíso edénico que precedió a nuestro mundo caído, y sin embargo, a pesar de todos sus intentos de regresar a tal paraíso, tropieza en círculos al intentar moldear, remodelar y remodelar de nuevo la sociedad como mejor le parezca. Hay, esencialmente, una ruptura en el pensamiento lógico, porque el hombre busca lo que sólo Dios puede proporcionar, la restauración de la creación y el razonamiento detrás de las diversas estructuras de la creación, y sin embargo, al suprimir a Dios y su verdad, no puede evitar cosechar la desorganización y la destrucción como resultado de sembrar ciegamente la corrupción.

Sin embargo, este no era el estado original del hombre, porque en el principio Adán fue llamado a gobernar y reinar como vice-regente de Dios sobre toda la creación, a fin de que pudiera poner todas las cosas bajo el dominio de la ley de Dios (Gén. 1:28). La creación del mundo no fue un experimento social o metafísico, con alguna pizarra en blanco para que el hombre hiciera de él lo que quisiera sin ningún principio rector, sino que fue diseñado por Dios desde la eternidad pasada para ser su reino, y la gloria de ese reino debía ser desarrollada por el hombre sujeto a Dios en términos del propósito de Dios. Como señala Bavinck:

> Génesis 1:26 nos enseña que Dios tenía un propósito al crear al hombre a Su imagen: principalmente, que el hombre *tuviera dominio...* Si ahora comprendemos la fuerza de este sometimiento (dominio) bajo el término de *cultura...* podemos decir que *la cultura en su sentido más amplio es el propósito para el cual Dios creó al hombre a su imagen.*[16]

En su obra maestra ficticia de *Las Crónicas de Narnia*, C.S. Lewis insinuó la restauración del oficio real del hombre en la profecía poética de los reyes y reinas legítimos de Narnia,

que eran los hijos de Adán y las hijas de Eva. Como dice la profecía narniana: "Cuando la carne de Adán y el hueso de Adán, se sienten en Cair Paravel en el trono, el tiempo malo habrá terminado por completo."[17] Como el hombre, mientras que esté separado de Dios, no puede evitar interpretar la realidad según su pensamiento caído, dedicar la creación a sí mismo y gobernarla de acuerdo con su juicio arbitrario y caído, Dios debe proporcionar un profeta, sacerdote y rey libre de la esclavitud del primer Adán que pueda restaurar al hombre a su lugar creado legítimo. Este último Adán debe ser capaz de interpretar la realidad correctamente según Dios, dedicar la creación fielmente a Dios, y gobernar y reinar sobre toda la creación sujeta y de acuerdo con la autoridad y la ley de Dios. Es sólo un Adán así, quien puede hacer que nuestro mundo vuelva a estar bien.

La Restauración del Triple Oficio en el Último Adán

El difunto teólogo Charles Hodge escribe sobre la necesidad de tal figura redentora y restauradora, afirmando que:

> Nosotros, como hombres caídos, ignorantes, culpables, contaminados e indefensos, necesitamos un Salvador que sea un profeta que nos instruya; un sacerdote para expiar e interceder

por nosotros; y un rey para gobernarnos y protegernos. Y la salvación que recibimos en sus manos incluye todo lo que un profeta, sacerdote y rey en el sentido más elevado de esos términos puede hacer.[18]

En verdad, el triple oficio como profeta, sacerdote y rey se cumple suprema y máximamente en Cristo el Hijo de Dios. Él fue designado desde la eternidad pasada para ser EL profeta, sacerdote y rey, y este nombramiento es diferente de todos los demás, porque mientras que los profetas, sacerdotes y reyes fueron nombrados a lo largo de la narrativa de las Escrituras, en la eternidad pasada existieron en el pensamiento y la intención de Dios e históricamente cayeron bajo la maldición del pecado, pero Cristo existió eternamente con el Padre y está libre de toda corrupción.

El triple oficio de Cristo, aunque ha sido negado por varios teólogos, es una verdad bíblica que no se puede negar sin negar la persona misma de Cristo. Aludiendo a su oficio profético, por ejemplo, proclamó la ley y el evangelio como verdad absoluta y exclusiva (Mateo 5), hablando como alguien que tiene autoridad, porque todas las cosas obedecieron su mandato (Marcos 1:22; 4:41; Lucas 4:32). Habiendo venido al mundo para testificar de la verdad (Juan 18:37), se llamó a sí mismo rey, y con señales y maravillas milagrosas confirma incluso hasta el día de hoy la veracidad y autoridad de su enseñanza (Juan 2:11; 10:37), reflejando no sólo su poder real (Mateo 9:6, 8; 21:23) sino también su compasión sacerdotal (Mateo 8:17). Los evangelios no registran a Cristo como simplemente habiendo desempeñado las funciones de profeta, sacerdote y rey, sino también como siendo en su totalidad profeta, sacerdote y rey, operando incluso hoy, porque como escribe el autor de Hebreos, "Jesucristo es el mismo ayer y hoy y por los siglos" (Heb. 13:8).

El hombre, en su gran necesidad, necesitaba un Salvador. Dios en su gracia inconcebible, proveyó a través de su Hijo. Como escribe Bavinck:

Cristo, tanto como el Hijo como la imagen de Dios, para sí mismo y también como nuestro mediador y salvador, tenía que llevar los tres oficios. Tenía que ser un profeta para conocer y revelar la verdad de Dios; un sacerdote, para dedicarse a Dios y, en nuestro lugar, para ofrecerse a Dios; un rey, para gobernarnos y protegernos de acuerdo a la voluntad de Dios. Enseñar, reconciliar y liderar; instruir, adquirir y aplicar la salvación; sabiduría, rectitud y redención; verdad, amor y poder – los tres son esenciales para la integridad de nuestra salvación. En la relación de Cristo entre Dios y la humanidad, él es un profeta; en su relación de humanidad a Dios, es sacerdote; en su jefatura sobre toda la humanidad es un rey.[19]

Cristo, por lo tanto, siendo el profeta, sacerdote y rey, ha asumido el mandato cultural que Adán no había cumplido, para que el hombre pueda volver a ser capacitado para cumplir esta sagrada tarea en Cristo. Porque es por medio de la renovación del evangelio, mientras que la iglesia de Dios proclama fielmente y aplica la verdad bíblica a todas las esferas de la vida, que el mandato cultural es posible nuevamente para el hombre creado, porque en el corazón de la Gran Comisión (Mateo 28:18-20), es decir, la misión de la iglesia, está la restauración del hombre a su propósito y significado creados. Interpretar la realidad según Dios, es decir, de acuerdo con la palabra de Dios; dedicar la creación al servicio de Dios, a través de la creación y la formación de la cultura; y gobernar la creación para, y sujeta al reino eterno de Dios.

Cristo, que nos pone en lo correcto de nuevo al traernos de la muerte a la vida, de condenados a perdonados, de corrompidos a redimidos, no ha venido sólo para que podamos mirar a una vida eterna futura lejana,

ha venido a restaurarnos a nuestro triple oficio, como profeta, sacerdote y rey de Dios, sujeto a Cristo y su señorío. La plenitud de vida que tanto caracteriza a la fe cristiana no es una esperanza abstracta guardada por algún tiempo después de nuestra vida terrena, sino que está arraigada y plenamente expresada en la persona y el ministerio de Cristo, una vida que el hombre puede disfrutar abundantemente en el presente y por toda la eternidad; y es este Cristo vivificante quien, por su gracia, usará su iglesia para su gloria triunfante para lograr la sanación y restauración de toda la creación. Como Lewis insinuó en otro volumen de *Las Crónicas de Narnia*, "Así como la raza de Adán ha hecho el daño, la raza de Adán ayudará a sanarla."[20] El verdadero propósito y significado del hombre, a la luz de la caída, es cultivar la creación en una civilización piadosa, en términos del reino de Dios y por la gracia de Dios. Una cultura que está estructuralmente arraigada en la revelación de Dios, y orientada direccionalmente hacia el Creador.

Notas Finales

[1] *On the Meaning of Life*, Will Durant, ed. (US: Promethean Press, 2011), Kindle Edition.

[2] Greg L. Bahnsen, *Always Ready: Directions for Defending the Faith*, ed. Robert R. Booth (Nacogdoches,

TX.: Covenant Media Press, 2011), 19.

3 Joe Boot, *Gospel Culture: Living in God's Kingdom* (Toronto, ON.: Ezra Press, 2017), 4.

4 Herman Bavinck, *Reformed Dogmatics, 4 Vols.*, Vol. 3 (Grand Rapids, MI.: Baker Academic, 2006), 367.

5 R.J. Rushdoony, "Salvation and Godly Rule: Prophet, Priest & King." Pocket College. Consultado 6 de Marzo de 2017. http://www.pocketcollege.com/transcripts/091%20-%20Salvation%20and%20Godly%20Rule/RR136AG62.html.

6 Cornelius Van Til, *A Survey of Christian Epistemology, Vol. 2 of the Series In Defense of Biblical Christianity* (Phillipsburg, NJ.: Presbyterian and Reformed Publishing Co., 1969), 106.

7 Cornelius Van Til, *Why I Believe in God* (Philadelphia: Committee on Christian Education of the Orthodox Presbyterian Church, n.d.), 3.

8 Geerhardus Vos, *Reformed Dogmatics, Vol. Two: Anthropology*, ed. Richard B. Gaffin, Jr., trad. Richard B. Gaffin, Jr. et al. (Grand Rapids, MI.: Lexham Press, 2012), 14.

9 Consulta John Calvin, *Institutes of the Christian Religion*, Henry Beveridge, trans. (Peabody, MA.: Hendrickson Publishers, 2008), 9-11.

10 R.C.H. Lenski, *The Interpretation of St. Paul's Epistle to the Romans* (Columbus, OH.: Lutheran Book Concern, 1936), 104.

11 Rushdoony, "Salvation and Godly Rule: Prophet, Priest & King."

12 Cornelius Van Til, *Christian Apologetics* (Phillipsburg, NJ.: P&R Books, 2003), 69-70.

13 Ibid.

14 Rushdoony, "Salvation and Godly Rule: Prophet, Priest & King."

15 Ibid.

16 Herman Bavinck, "The Origin, Essence and Purpose of Man," en *Selected Shorter Works of Herman Bavinck*, John Hendryx, ed. (West Linn, OR.: Monergism Books, 2015), loc. 469.

17 C.S. Lewis, *The Chronicles of Narnia: The Lion, the Witch and the Wardrobe* (New York, NY.: HarperCollins Publishers, 2002), 87.

18 Charles Hodge, *Systematic Theology, 3 Vols.*, Vol. 2 (Peabody, MA.: Hendrickson Publishers, 2016), 461.

19 Bavinck, *Reformed Dogmatics, 4 Vols.*, Vol. 3, 367-368.

20 C.S. Lewis, *The Magician's Nephew* (New York, NY.: HarperCollins Publishers, 2002), 162.

The Ontological Object

by Adolfo García de la Sienra

Introduction

THE OBJECTIVE OF THIS ARTICLE is to propose a response to the following question: What is the ontological object according to the philosophy of the law-idea?[1] As a preliminary remark, by "ontology" I mean here *a theory of reality in general*. (Western) Metaphysics is distinct from ontology in that it includes speculation about the essence of God, whereas ontology does not always make such high claims. In fact, the starting point of the philosophy of the law-idea's ontology is the recognition that only God is divine, and that there is nothing in the universe that is divine or that fundamentally sustains all the rest (of creation).

The philosophy of the law-idea features, essentially, ontology as a central portion. The principal work of this school of thought is *A New Critique of Theoretical Thought* (1953–1958, 1985), which is an En-glish revision and expansion of *Wijsbegeerte der Wetsidee* (1932–1935), authored by the Dutch Christian philosopher Herman Dooyeweerd.[2] It does not deal explicitly with the problem of the ontological object, if indeed Clouser (2022) does allude to the subject. Another objective of this work is to compare the Dooyeweerdian vision with the Scholastic Suarezian, which helps to better understand the novelty of the former.

Reason and Faith

The philosophy of the law-idea is characterized, amongst other things, by a distinct vision of the relationship between reason (understanding) and faith. The vision inherited from this relationship, presupposed by all modern thinking following it, is none other than Scholasticism, initiated in the second century when the Church fathers Justin Martyr, Clement, and Origen (all members of the

Hellenistic school of Alexandria) developed a complementary model of the relationship between Greek philosophy and theology, seeking to reconcile the former with Revelation.

The Scholastic vision originates from the conviction that there is no radical opposition between Biblical religion and any particular culture because it views the greater part of life as religiously neutral. It divides beliefs into two types: (i) beliefs which are the result of reason and beliefs, which are the result of revelation accepted by faith; and later (ii) establishes certain relationships between the two. In this way it achieves a compromise which limits the scope of both.

This equilibrium is achieved by establishing two levels: the level of nature and the level of grace. The "lower" level, that of nature, is open to all people through experience and reason; at this level, reason is the neutral and final authority. On the other hand, the "higher" level of grace, in large part (that which concerns the relationship of man with God), can only be known by Revelation, which must be "accepted by faith". The Scholastic thus views reason and faith as two distinct faculties of human beings, each of which is authoritative in its own domain.

The Scholastic believes that there is a two-way interaction between faith and reason: each has certain duties toward the other. On one hand, the Scholastic maintains that reason not only discovers truths about nature, but also proves the existence of the supernatural, systematizes revealed doctrines and verifies the compatibility of rational theories with these doctrines. On the other hand, faith provides an external control by providing the basis for rejecting those rational theories which are incompatible with faith. The Scholastic maintains, however, that contrasted with reason—which is viewed as an essential attribute of man—faith is a *donum superadditum* which complements reason. For the Scholastic, faith is not a motivating internal influence, but an external control of what reason can accept. It is for this reason that Thomas Aquinas said that supernatural truths could be known by reason and serve in this way as a preamble to faith.

Modern thinking in all its variants moves within the presupposition of this dualistic Scholastic scheme. Rationalism maintains that reason is a Supreme Tribunal before which all beliefs must submit to a critical analysis, but in fact rationalism presupposes (uncritically) the autonomy of theoretical thought; that is to say, a certain philosophical anthropology in which human understanding appears as an absolute and unconditional power, lacking presuppositions either religious or of any other type. In other words, what rationalism does is eliminate the level of grace so that only the level of nature remains. What irrationalism does, on the other hand (for example in Kierkegaard) is decisively separate the realm of faith from that of reason, relegating the former to the realm of the "irrational".

This work starts from a different conception of the relationship between faith and reason.[3] It can be demonstrated that every man, and as a result every philosophy, has one type of faith or another: every man has religious beliefs, whereby "religious belief" I mean a proposition which affirms the existence of something "divine"; that is to say, something self-sustaining. What I want to suggest is that no philosophy is *truly* autonomous nor religiously neutral, but that it is directed and regulated by religious beliefs. This article is written presupposing this vision of the relationship between faith and reason, but is not dedicated to expound or defend it. The reader can find a very detailed discussion in Clouser (2022), as well as in the first volume of Dooyeweerd (2020).

For my purposes in this work, I have found it useful to begin with a summary of the history of the birth of ontology, with particular emphasis and attention to the contributions of the Spanish philosopher Francisco Suárez to the concerned topic. As Ferrater Mora and Gilson have demonstrated, Suárez is the father of ontology as such, in addition to being the first philosopher to tackle the problem of the ontological object so extensively, systematically and exhaustively. I believe that a critical revision of this aspect of Suárez's work can be useful to understand the concept of the philosophy of the law-idea, in light of its differences from the classic Scholastic concept.

The Origin of Ontology

Today, the term "ontology" is native to the common philosophical language. Etymologically, it suggests something like a treatise (*logos*) on entity (*onto*). In fact, although Ferrater Mora locates the origin of ontology as such in the metaphysical works of Pedro Fonseca and Francisco Suárez, respectively, "in which philosophical speculations were promoted more than theological ones",[4] neither of these authors ever uses the term nor appear to have felt the necessity of distinguishing a new discipline within what they called "metaphysics". The word "ontology" (*ontologia*) appears to have been used for the first time by Rudolf Goclenius in his *Lexicon philosophicum, quo tanquam clave philosophiae fores aperiuntur,* [*Philosophical dictionary, like a key with which the doors of philosophy are opened*] published in 1613, to refer to the *philosophy of entity*.[5] With some variety in meaning, the term is used for a century after this point, but it is not until around 1730, with the publication of *Philosophia prima sive ontologia methodo scientifico pertractata, qua omnes cognitionis humanae principia continentur* [*First Philosophy or ontology treated by means of the scientific method, in which are contained all the principles of human knowledge*], that Christian Wolff popularized the term in philosophical circles. In this work Wolff defines the *ontologia seu philosophia prima* [ontology or first philosophy] as *scientia entis in genere, quatenus ens est* [science of the entity in general, specifically what is the entity] (§1), and he assigns to it the investigation of the most general predicates of all entities as such (§8), through the use of a "demonstrative method" (§2).[6]

If the discipline of metaphysics had been cultivated for several centuries until the late sixteenth century, when Suárez published *Metaphysical Disputations*, it must be asked what is there in Suárez's approach that leads to a new discipline? In other words, how can we distinguish the metaphysics which existed until Suárez from the new discipline which came to be called "ontology"? Beginning with a response to this question, I will proceed to give a precise definition of the sense in which the word "ontology" will be used here. In order to do this, I will need to discuss the characterization of metaphysics that Suárez gives in his *Metaphysical Disputations*.

Suárez's Metaphysical Object

In the first systematic treatment of metaphysics written in the history of Western philosophy—*Metaphysical disputations* by Francisco Suárez—the author establishes that the entity, insofar as it is a real entity, is the proper object of this discipline.[7] This definition of the metaphysical object certainly appears very similar to that of the ontological object that Wolff would give some 130 years later. However, there are important differences between metaphysics understood in the Suarezian manner, and the understanding of ontology according to Wolff. In fact, Wolff was also a speculative metaphysicist, convinced of "reason's" capacity to raise itself to the understanding of God and the soul on its own.[8] Therefore, abandonment of natural theology does not characterize Wolffian metaphysics. The metaphysics of Wolff included a natural theology as one of its branches, and ontology is another of these branches.[9] Apparently, what Wolff does is distinguish, by means of a division of metaphysics, topics which had already been introduced in Suarezian metaphysics, and assume that there is a discipline with internal unity which deserves separate treatment. This discipline could also be called "general metaphysics" and it would be concerned with "formalities"; that is, the determinations which accompany all entities as such. Special metaphysics, on the contrary, would concern itself with that which is found "beyond" experience, and for that reason can be considered *trans-physics*.[10]

Viewed from this advantageous perspective, Suarez's *Disputations* mix general metaphysics—ontology—with special metaphysics—that is, natural theology—, given that they contain an exhaustive treatment of God "as far as can be known by natural reason his existence, essence and attributes".[11] As previously mentioned, Wolff does not differ from Suárez as far as the possibility and legitimacy of this type of theology. The necessity of a new discipline, which would be called "ontology", does not spring therefore from a re-

jection (which never took place) of the cultivation of natural theology, and must therefore be found elsewhere. General metaphysics, on the other hand, appears to be found not only in Thomas Aquinas or in previous Catholic philosophers, but even in Aristotle himself, to the extent in which early philosophy can be distinguished from speculative theology. Of course, Aristotle characterizes his early philosophy as "theology", inasmuch as it deals with things that "are capable of separate existence and unchanging" and given that "it does not cease to be obvious, of course, that the divine is seen in nature, if it is seen anywhere".[12] However, it is possible to distinguish, at least as a chapter within early philosophy, the study of "eternal substances" from that of other entities, as Aristotle himself does, relegating the study of these to the two final books of *Metaphysics*. It is difficult to understand how this distinction can be clearly made in Suarezian metaphysics, however, if the metaphysical object, according to Suárez, must include God and other immaterial substances, but not only these. And thus it must include not only substances, but also real accidents, but not rational beings nor those which are totally *per accidens*.[13]

The key to the distinction appears to be found not so much in a supposed exclusion of natural theology—which, as we saw, does not exist—but in the form in which general metaphysics will consider the entity; namely, as an essence whose existence is unimportant; that is to say, as a study of essences lacking existential commitments. This would be a study of a "formal" nature, in which would be clarified fundamental notions such as "essence", "existence", "cause", etc., demonstrating the logical connections between them, but which would not make any suppositions of an existential nature. These are left to special metaphysics (at least in the case of divinity), one of the tasks of which is precisely to demonstrate the existence of an uncreated substance.

It is not that ontology has excluded God and angels from consideration, only that it views them as possible "essences", without committing to a position on their existence. In effect, in paradigmatic cases of texts on ontology or "ontosophy" (these terms were considered synonymous), the entity is thought of as a possible essence. For example, Johann Clauberg in his *Metaphysica de Ente, quae rectius Ontosophia* [Metaphysics of entity, which properly is ontosophy] (1656) said that in this work "*contemplatur ens quatenus ens est*", [the entity is contemplated in-

asmuch as it is entity] and clarified that it dealt with "*rebus corporeis & incorporeis, Dei & Creaturis*" [things corporal and incorporal, God and creatures]. However, as Ferrater Mora notes, "what matters here is not whether something really exists or not, but whether or not it can be thought of, whether or not it can be spoken of".[14] The formula (in German) which Clauberg introduces to define the *ens* as object of ontology is: "*Alles was nur gedacht und gesagt werden kann*" [everything which can only be spoken of or thought about], in which not only something *aliquid* [something] is part of this object, but also nothingness (*nihil*)!

Etienne Gilson (1949) insistently complained about the abandonment of the "commitment to the actually existing being", which philosophers had undertaken since Suárez to fall into that "essentialism" which later would come to be known as "ontology". And Gilson was not wrong to attribute to Suárez the paternity of this twist. In fact, Suárez distinguished two meanings of the term "entity". "Entity" was sometimes taken as a participle of the verb "to be", but on other occasions it was taken as a name. When it is taken as a participle, "entity" denotes precisely those beings which exist in the moment in which the term is being used, and therefore means "that which has current existence". When it is taken as a name, on the other hand, it does not only "refer" to those entities which actually exist, but also to the "potential entity" or to "natural realities considered in themselves, whether they exist or not".[15] Here Suárez adds that it is the nominally signified entity which is taken as the metaphysical object, because it is in this sense "that metaphysics considers the entity, which in this way is divided into ten predicaments". But, how does Suárez understand the nominally signified entity? He says:

> if the entity is considered as the meaning of said word ['entity'] taken at face value, its meaning consists of being something which has real essence, that is to say, not fictitious nor chimeric, but real and apt to really exist.[16]

That is to say, according to Suárez, it is the possible entity, or real essences, apt to exist in fact, which constitute the metaphysical object. In this view, the actually existent entity is only a part, a particular instance of the metaphysical object, which includes every possible entity.

Of course, this delimitation of the metaphysical object is effected from the conceptual Scholastic framework, which pre-eminently includes the concept of substance. However, referring to certain entities as substances implies the admission of a certain philosophical conception of these entities which in any case must first be justified. For that reason, I will not refer to those entities which Suárez designated as substances using the term "substance". We know that these entities are God, the angels, and corporal beings. Thus, according to Suárez the metaphysical object is made up of these entities as well as their "accidents", but conceived of as possible entities, as essences apt to exist in fact (God excepted, who is conceived of by Suárez, of course, as existing in Himself).

By excluding from metaphysics "rational entities", and those entities "totally *per accidens*", Suárez wishes to exclude from consideration the "negations", the "deprivations" and the "objective concepts" or logical intentions, as well as entities lacking what he calls "unity *per se*". As well as the concept of substance, the concept of entity *per se* is part of the conceptual Scholastic apparatus and presupposes philosophical conceptions which should not be admitted without prior discussion. And it is not that these conceptions are very clear. Suárez says that the concept of entity *per se* consists in having precisely that which is essential and intrinsically required for the essence, integrity or complement of said entity of its type.[17] He later adds:

> that which has an essence or being will be an entity *per se* properly and rigorously. So also will be, with all propriety, that essence or entity which has in its type that which is necessary for its intrinsic reason or consummation [. . .] and every [entity] which does not demonstrate this unity, will be called an entity *per accidens*.[18]

It is difficult to understand, unfortunately, under what conditions an entity has in its type "that which is necessary for its intrinsic reason or consummation". Through this concept Suárez is trying to account for certain forms of unity that we find in some objects of experience, mentioned by Aristotle in volume 5 of *Metaphysics*, and of which the unity which living organisms demonstrate is paradigmatic; or—perhaps less obviously—certain bodies which are clearly homogeneous and delimited. Perhaps it is possible to explain this type of unity, but in any case it does not seem to me that Suárez has done so.

On the other hand, Suárez admits that unity *per accidens* allows for degrees, affirming that

> in the entity with unity *per se* there is variety, and this variety has a more and a less. There are things which are entities totally by aggregation, and among them are many integral and perfect entities *per se* which accumulate without any union or disorder, and this appears to be the maximum level of accidentality [. . .] a mountain of stones would be in this class.[19]

But Suárez recognizes other minor degrees of accidentality, for he adds that

> another class of entity *per accidens* is that which certainly consists of integral entities *per se*, which do not have among themselves a physical union, but which keep among themselves a certain order, such as an army, a republic, a house and other similar artificial objects, in which there may be much variety and difference of intensity in terms of how great or small the union may be between the entities *per se* that form it; and therefore the tree which has had a branch of another species grafted into it appears more unified than a house, and the house more than the army and so on with the others. And in this order we must include mixtures of liquors composed of other simple liquors imperfectly altered, such as watered-down wine, ojimel, etc. Therefore, it follows that although these, simply and absolutely, are entities *per accidens*, however, relatively, that is to say, in comparison with the

entity which is one by mere aggregation, these are sometimes called entities *per se*. Because the averages participate somewhat with the extremes, they usually receive different names by comparison; and the entities of this class, on belonging in some way with entities *per se*, in the sense that they are united by some common form or relation, sometimes are designated, for this reason, in this way.[20]

However, given that entities "totally *per accidens*" are those which are found on the other end of the spectrum opposite that of the entity *per se* "properly and rigorously", it follows that composite objects such as a mountain of stones fall outside of the metaphysical object. It is difficult to disentangle the reasons for which Suárez makes this exclusion—which seems a bit arbitrary—but the principal reason seems to be the difficulty that some aggregate objects present to any attempt to conceptualize them as structured by any substantial form.

After having delimited the metaphysical object, Suárez proceeds to discuss the mode of abstraction or the reasons under which metaphysics considers its object. With respect to this, Suárez maintains that although metaphysics studies the entity as an entity and the intrinsic properties which accompany it as such, it does not limit itself to discussion of the precise and actual reason of the entity as such, but descends to the consideration of some inferiors according to its own reasoning.[21]

What Suárez means by this is that metaphysics does not limit itself to the concepts which are logically contained in the meaning of "entity", but also considers the concepts which define more specialized subclasses of the extension of the concept. For example, an "inferior" of the concept of the entity would be that of the finite entity—as opposed to the "infinite" entity which is God. The "reason" of this subclass would be precisely that which delimits the finite entity, that is, the fact it does not exist on its own. However, Suárez immediately clarifies that metaphysics

> does not consider all the inherent or essential reasons of entities in particular, but only those which are contained under its proper form of abstraction, or inasmuch as they are necessarily found united with it.[22]

What is the "proper form of abstraction" of metaphysics? Suárez responds to this question by distinguishing three forms of abstraction: mathematical, that of natural philosophy, and metaphysical. In the purest Aristotelian style Suárez says that mathematics "abstracts conceptually from perceptible matter, but not from the intelligible, since quantity, however much it is abstracted, cannot be conceived of as anything other than a corporeal and material object".[23] Natural philosophy, on the other hand, "although it makes abstraction of the singular, does not do so with perceptible matter, that is to say, that which is subject to perceptible accidents, but rather makes use of it in its method of reasoning".[24] Of metaphysics, finally, it is said that it abstracts from perceptible and intelligible matter, not only according to reason, but according to being, because the reasons of the entity it considers are found in immaterial reality and, therefore, in its proper and objective context [i.e. "precisive"] does not include matter per se.[25]

However, to abstract from matter according to being is nothing other than the capacity to exist really and truly in nature without matter; and this is true not only of immaterial substance as such, but also of any superior reason, since the same immaterial substance is sufficient for it to exist, it is clear that it can also exist in reality without matter.[26]

For this reason, Suárez can say that those notions of entity that "can exist in immaterial things" abstract from matter according to being, such as—according to him—the notions of substance and accident (because

there would be immaterial substances and accidents of immaterial substances). This does not mean that these notions only denote immaterial entities; they can denote material entities just as much as immaterial ones:

> It is not only said that those notions of entity that are never in the material abstract from matter according to being, but also those which may exist in immaterial things, so this is sufficient that in its formal reason matter is not included, nor do they require it.[27]

It is understood therefore, according to Suárez, why not only the reasons of substance and accident are contained under this peculiar form of abstraction, but also those of "entity created and uncreated, finite and infinite substance, and equally accidents which are absolute or respective of the quality, the action, the operation or dependency, and others".[28] So all these concepts apply equally to material entities and immaterial ones. In effect, created entities are corporal entities, but also angels; finite substances would be equally one or the other; and the first as well as the second possess *accidens*. The infinite substance—par excellence—abstracts from material according to the being and, as Suárez emphasizes, it is inferred that it is the domain of metaphysics to deal in particular with all the entities or reasons of entity that are found only in immaterial things, such as the common reason of immaterial substance, that of primal or uncreated substance, and that of the created spirit with all the species or intelligences that are contained within it.[29]

There can be no doubt that this consideration implies that the concept of the soul should properly belong to metaphysics. However, due to the special methodological difficulties that the study of the soul presents, Suárez relegates it to a special science, although the concept of the soul abstracts from material according to being.[30]

Thirdly, Suárez infers that studying the common notion of cause belongs to metaphysics, as well as each of the classes of cause as such, and the primary or most important causes or reasons of cause of the entire universe.[31]

This is due to the fact that "the reason of cause and effect as such, are in themselves common to material and immaterial things".[32] In sum, it appears that by "concept contained under its own form of abstraction" Suárez understands those concepts subsumed under the concept of being which delimit classes of entities that include both material and immaterial beings. These are that which finally determine the mode of abstraction or the determinations through means of which metaphysics considers its object.

This is proved even further in the context in which Suárez discusses the concept of abstraction of material according to being, where, quoting Aristotle in volume VI of *Metaphysics*, Suárez considers that if substances which dispense with material according to being did not exist, natural philosophy would be the primary philosophy and there would be no necessity of any other science apart from it.[33]

This assertion is interesting because it raises the question of whether the rejection of immaterial entities implies the rejection of metaphysics as a legitimate discipline, a question which could also be extended to ontology. We will have to consider this question, as well as the many others Suárez has raised, when we consider the proper object of the ontology of the philosophy of the law-idea.

The Object of the Ontology of the Philosophy of the Law-Idea

As is made very obvious in the Suarezian discussion relative to the metaphysical object, it is difficult if not impossible to determine the object of a philosophical discipline without presupposing the validity of a determined conceptual apparatus. The use of terms such as "substance" or "material" already involves a philosophical compromise with certain theses and concepts. With an eye toward defining the object of cosmonomic ontology, as well as determining the form in which to consider this object, I will not adopt the Aristotelian conceptual apparatus (or any of its Scholastic variants), but instead the concept of the real entity, taken as a participle of the verb "to be". What this means is that, following Suárez, by "real entity" or simply "entity" I mean to say anything which actually and effectively exists or which is effectively apt to exist (for those entities which exist in a given moment in time cannot exist in another, and there have been or will be entities which have existed or will exist). In effect, "entity" does not exclusively refer to those beings which currently exist in fact, but to all beings in general.

The first great difference which can be appreciated between the Suarezian ontology—that which I take as representative of Scholastic metaphysics and even Greek metaphysics—and cosmonomic ontology is that the former only considers the "subject" side of reality as the ob-

ject of its discipline. In effect, from the cosmonomic point of view, real entities ("substances" and their accidents) are things which are subject to the law and for this reason we call them "subjects". But reality also includes a *law* side; that is to say, the laws and rules to which real entities are subject.

There are other aspects in which the ontology proposed here diverges from the Suarezian and the Scholastic in general. I will deal with these differences before proceeding to explain the nature of the object of cosmonomic ontology. These aspects are fundamentally expressed in three questions: (1) the question of whether God and those beings "which abstract from matter according to being" (as Suárez maintains) form part of the ontological object; (2) the question of whether those entities "totally *per accidens*" form part of this object; and (3) the question of whether "rational entities" such as the "logical intentions" (concepts, propositions, sets) likewise form part of the aforementioned ontological object. I will deal with each of these questions separately.

Do God and the "Entities which Abstract from Material" form part of the Ontological Object?

Scripture speaks of two ways to know

God: nature and Revelation. Experience testifies that men have a certain innate feeling of piety, a certain notion of God sculpted into their minds, and, in addition, the marvel of creation gives a certain idea of the power, justice, and providence of God. However, this knowledge of God has been so corrupted, and is so unclear, that it does not mature to perfection in anyone, nor does it produce true godliness.

For this reason, John Calvin denied that speculation was sufficient to understand God:

This is the best and most effective means we can have to know God: not penetrating with bold curiosity nor trying to understand in detail the essence of the divine majesty, which should be worshipped rather than curiously investigated, but contemplating God in his works, by which he comes near to us and becomes more familiar and in a certain manner communicates with us.[34]

And underlining the fact that each person has formed a god of his own liking, he adds that

human understanding respecting the secrets of God is very inadequate and blind, given that everyone errs so crassly in seeking God [. . .] if men were only taught by Nature, they would not know anything truly, certainly and clearly, but would be stuck with the confused principle of worshipping a God they did not know [. . .] every opinion that man has created in his understanding respecting the mysteries of God, even if it does not contain an infinity of errors, does not cease to be the mother of errors.[35]

However, natural theology can be understood as a speculative effort on the part of man to capture with his understanding the essence of God from created things. What is more, this is equivalent to professing that God in his own essence is subject to laws, because it is impossible to understand entities that are not subject to laws, since it is the conformity to laws they demonstrate which allows us to understand them. In addition, the supposition that God is subject to the moral law in particular creates a famous dilemma, Euthyphro's dilemma. According to this dilemma, if what is moral is approved of or ordered by God because it is moral, it would appear that he is subject to the moral law. But if the command of God is sufficient to make whatever he commands moral, then anything that God commands will be good by the simple fact that he commands it. If we grasp the second horn of the dilemma, we would seem to make God arbitrary, with which we would lose any possibility of understanding the ideas of divine justice and holiness; but if we grasp the first we have to admit not only that God depends on the moral law in an ethical sense (God must obey the law), but we also must accept that there is something uncreated apart from God himself (for if God is subject to the law, the law must exist in a prior or concomitant manner to God). In general, the thesis that God is subject to laws implies that God has properties (the "divine attributes"), but this thesis brings us to a dilemma even more fundamental than that of Euthrypo: either God's attributes are distinct from him, or they are identical. We will see that both horns of the dilemma lead to formidable theological difficulties.

If God is distinct from the properties that make up his nature, then, as he cannot exist without them, it can be deduced that he depends on them ontologically. This denies that God is entirely self-subsisting and makes of his properties something divine. But this conclusion is entirely unacceptable to biblically-based Christianity.

If God is identical to his properties, on the other hand, it follows that all his properties are really one and that—as a result—God is nothing more than a property. In fact,

this is the vision which many adherents among Scholastics shared, such as Suárez or Thomas Aquinas. The problem is that if the justice, power, knowledge, and goodness of God are identical to one another, it is impossible for us to form any idea—even by analogy—of said attributes, because it is impossible to form a concept of justice, for example, according to which there is no distinction whatsoever between justice and, say, power. Even worse, the thesis implies that God is an abstract property and therefore not a person as the Scriptures teach. These are essential failures of the thesis and not difficulties which could eventually be remedied.

The only solution which remains open to a radically biblical position is that which John Calvin proposed: *Deus legibus solutus est, sed non ex lege* [God is not subject to the law, but does not depart from it]. God is not subject to the law, but neither is he arbitrary. This has been expressed on occasion as well by saying that the law is the limit between God and the creation: God is above the law, the creation is under the law. To this must be added that the properties or attributes of God are dependent on him, that is, created. In other words, the uncreated and unrevealed being of God is inscrutable to us, since it is not governed by any of the (created) laws which govern the creature, and it cannot be conceptualized. Everything which man needs to know to enter into an appropriate relationship with God is given in Revelation. The "nature" of God as it is described in the Scriptures is something which God created and assumed so that men could enter into covenant with him. This conception is called "accommodationist", as it views the divine attributes as creations which God made to accommodate himself to human capacities. Accommodationism maintains, therefore, that in effect God is distinct from his properties, but that he does not depend on them, for they are created.

Clearly, accommodationism brings us to the conclusion that God can only be known through his revealed and created attributes, so that any form of speculative natural theology is out of consideration. In other words, God does not form part of the object of cosmonomic ontology, although his created attributes do: it is precisely with these that systematic biblical theology is concerned. In this way, systematic biblical theology appears as a special science whose theoretical object is the Revelation of God—which has penetrated the temporal order of our experience—from the point of view of faith. The conclusion is that God in himself can-

not be the object of ontology or any science whatsoever, but his revealed image can, just as all the entities of which Scripture speaks, although it should be added that the Scholastic distinction between material and immaterial beings is foreign to the conceptual apparatus of the ontology of the law-idea.

Do Entities *per accidens* form part of the Ontological Object?

As I suggested previously, the principal reason for Suárez's exclusion of the entity "totally *per accidens*" from the metaphysical object is the difficulty that his paradigmatic examples of such entities (mountains of stones, for example) resist any attempt to imagine them as made up of a substantial form. This raises the problem of individual unity: what constitutes the unity of an individual? After having adopted a determined solution to this problem, that is, that the substantial form is "principally" what constitutes the unity of the individual entity,[36] Suárez finds that beings which—at least *prima facie*—have a certain individual unity, on further analysis end up not having such. For the purposes of that which concerns cosmonomical ontology, the solution proposed by Suárez as well as its consequences are inadmissible, given that mountains of stones—for example—are individual entities, and further, matter/form dualism is foreign to his conceptual apparatus. This is not the place to go into the complications of the problem of individual unity, but the individual unity of the entities to which Suárez referred with the term "entity totally *per accidens*" is not problematic from the perspective of the ontology of the law-idea, from the moment in which it must be taken as experiential data.

Do Rational Entities form part of the Ontological Object?

Suárez defined the rational entity as that which has objective being only in the understanding, or that which is rationally imagined as an entity, even if in itself it does not possess being.[37] According to Suárez, there are three types of rational entities: negations, privations, and relations of reason. A privation is the lack of a form in a subject naturally apt to have that form. For example, man naturally possesses the faculty of sight, so blindness is a privation, since it is the absence or privation of that faculty. A negation, on the other hand, is the lack of a form in a subject which does not have a natural aptitude to possess that form. Examples of negation are a horse's lack of wings, but also "imaginary" time and space; i.e. thought of as separate from any physical body.

A rational relation is a relation which is not real, that is, "that which pretends to understand another thing in the mode of an ordered form or which references one thing with another which in reality is not ordered or referred".[38]

That is, a rational relation is that which is a rational entity, or one of its terms itself is a rational entity, or which is pretended by the understanding. Examples of rational relations would be (1) relations in which none of the terms is real, but a rational entity, such as that between two chimeras, or between two possible but not actually existing entities, such as the relation of antecession between Don Quijote and the current King of France; (2) relations whose extremes are real, but which are not really distinct, such as the relation of identity and any reflexive relation between one and the same entity; (3) relations which, although they take place between distinct objects capable of real predicamental relations (*i.e.* based in real accidents of the entities) lack an intrinsic basis, such as all those—according to Suárez—which are not based in anything more than a certain extrinsic denomination derived from the will: such are contracts or the relation of the conventional sign with its referent, as well as non-mutual relations, among which are included those in which one of their extremes is of reason or those in which God keeps to creatures respectively; (4) relations in which occurs any combination of the above-noted deficiencies, among which are markedly included logical intentions corresponding to the "three operations of understanding": Suárez says that from the three operations of the understanding spring correspondingly three types of relations of reason, that is, (A) relations of genre, species, definition, the definite, etc.; (B) relations of predicate, subject, conjunction, preposition; (C) the relation of antecedent, consequent, medium, the extreme, etc. Chimeras also belong to this fourth group, such as the rounded square gilded dome of the Cathedral of Mexico.

It can be seen that in the category of rational entity Suárez includes many types of entities which some philosophers today would call "abstract entities". This naturally raises the question of whether mathematical objects should also be considered rational entities. However, despite the fact that today some philosophers tend to think of mathematical entities (numbers, sets, topoi) as "abstract entities", and as a result as having a "distinct" existence to that of "real entities", Suárez and the Scholastics in general did not think

that quantity was a rational entity. Of course, neither Suárez nor any coherent disciple of Aristotle would have thought that aggregate infinites could exist—such as the N set of natural numbers—"in fact". For that reason, they would have said that the infinite sets of Cantor were nothing, in reality, but chimeras—probably as contradictory as a rounded square. In his exposition of cosmonomic ontology, Clouser (1991) affirms that those entities which find their qualifying function in the quantitative mode are not the "numbers of the abstract systems of mathematics designed to calculate the quantity", but that present in "our non-abstract, intuitive experience, of the quantity of things that the science of mathematics abstracts as its field of investigation".[39] Clouser here agrees with Suárez in thinking that those numbers which really exist are only those which can be "observed" in relation to concrete, corporal things.

The finite position (the Scholastic as well as that of Clouser) has to confront serious difficulties. In the first place, the concept of number presupposes the concept of set, because a number is nothing but the property of certain aggregates: its cardinality. Of course, to count members of an aggregate or set presupposes that these are objects which are defined and separate from our intuition or thinking (to use one of Cantor's phrases). This means that the elements of the set have their own individual identity: it is in this sense that the individual unity and distinction of each entity is the basis of its ability to be counted. However, the finite position (which is a form of nominalism) wants to see concrete numbers (or quantities) as properties of aggregates which can be found in the field of experience (such as a herd of horses), and thus see the arithmetical numbers (the elements of N) as abstractions, as properties abstracted from these concrete aggregates. Clouser thinks that this type of abstraction will provide mathematicians with the proper objects of their field of investigation, but this would be the case only if the "most abstract concepts" of mathematics could be constructed on the finite base of concrete quantities. Unfortunately for the finite position, this is not the case, because it is known that without an axiom of infinity it is impossible to "construct" even the set ω, which is necessary to define a concept as basic as the convergent sequence.

But accepting the axiom of infinity, along with other axioms as natural in set theory such as the axiom of potency,[40] assures the existence of infinite sets of any cardinality, by virtue of Cantor's theorem, according to which the cardinal of the potency of set x is greater than the potency of set x. However, it could be said that the universe of sets—in which the axioms of any formulation of set theory are satisfied—is itself a rational entity defined by the same axioms, in the way that the concept of Pegasus is defined by the condition "x is a horse and x is winged". The problem is, as Gödel has pointed out, that the description of the universe of sets is not exhausted—nor can be—by any consistent axiomatic system:

> If it is accepted that the meaning of the primitive signs of set theory [...] is correct, therefore the concepts and theorems of set theory would describe some well-defined reality in which Cantor's conjecture must be true or false. [...] For that reason its undecidability starting with the axioms that we accept today can only mean that these axioms do not entail a complete description of this reality.[41]

Besides, we know that the universe of sets includes the natural numbers, so that the incompleteness theorem of Gödel guarantees that every consistent set of axioms for the theory of this universe is necessarily incomplete. In the face of these results, it is impossible to continue to maintain that the universe of sets is a "construction" of human intellect.

The attitude of the very founder of set theory, Georg Cantor, seems more appropriate. He was convinced that infinite sets existed "in the mind of God",[42] and that the knowledge that he had achieved of these sets had been "revealed" to him by God. There is no doubt that to speak of the "mind of God" takes us to that type of Scholastic speculation about the divinity which has already been rejected. However, contrary to the "Platonism" that some have wanted to see in some of Godel's declarations, we can say that all the evidence indicates that he, as well as Cantor, believes in the existence of a kingdom of mathematical entities created and sustained by God's providence. In other words, we are obliged to include the sets, and perhaps also objects such as the topoi—as the created entities they are—, within the ontological object.

Similar considerations can be made with respect to geometric spaces. Just as the incompleteness of arithmetic makes any conception of these spaces as rational entities non-viable, the incompleteness of absolute geometrical axioms prohibits considering them as such a type of entity.

Upon recognizing all of the ante-rior entities as part of its object, the ontology of the law-idea is implicitly recognizing—with a profoundly antireductionist attitude—the multiple variety of being expressed in different aspects of the experience: numeric, spatial, kinematic, physical, biotic, psychic, logical, historical, linguistic, social, economic, aesthetic, dichetic,[43] ethical and pistic. Cosmonomic ontology aims to view all these aspects in their cosmic coherence and individual entities functioning in these aspects, in order to in this way determine their essential nature, as well as their interrelations. Upon considering the essential nature of entities and their interrelations, cosmonomic ontology considers their general properties and the way in which these properties associate with one another in an entity. In this way, it considers what Scholastic ontology called "accidents" and "essential attributes". Naturally, all the forms of causality therefore also fall under its consideration.

Given that we have not up to this point admitted any concept of matter (defining the necessary concepts is, in any case, the task of ontology itself), we cannot even formulate the question of whether there are "entities which abstract from material according to being". However, it is clear that currents of positivist inspiration have tended to place in doubt the legitimacy of ontology as a discipline distinct from the special sciences. The response to this type of anti-ontologist thesis is that ontology would be irrelevant if there were only one aspect of experience (that is to say, only one type of scientific laws), because in such a case the particular science charged with studying this aspect would be the "primary philosophy" and no other science would be necessary apart from it. However, this position is clearly unsustainable in view of the failure of multiple reductionist programs that we have had occasion to observe. Thus, if indeed the ontology of the philosophy of the law is a science (*Wissenschaft*) with its own object and method, its object is not that of any particular science, but it is concerned precisely with elaborating a vision of the unity of all aspects of experience (each of which is studied, broadly, by a science). The ontological methodology is empirical, but it is regulated by the belief that there is a transcendent creator God, and that every entity distinct from God is created and functions in the cosmic coherence of the aspects of experience.

The Law Side

It is notable that in the Suarezian definition of the ontological object, the law side of reality does not appear, as if it did not exist or was not real. What is this omission due to?

> Apparently without exception, for more than three hundred years scientists have called the intelligible, measurable, predictable regularities found in nature "laws". In contrast, in the thirteenth century Thomas Aquinas, followed by Francisco Suárez in the seventeenth, declared that the use of "law" for the inanimate was metaphorical; in the fifteenth Lorenzo Valla found it ridiculous to speak of law when referring even to animals; and in the sixteenth Pietro Pomponazzi argued that, owing to the fact that natural events are not responses to words or persuasion, it does not make sense to speak of "law" in nature. (Ruby 1986:341)

The idea of a law which governs phenomena is foreign to ancient and medieval thinking. This is clearly seen in the fact that they had difficulties even conceiving the being of relationships. For the Scholastics, corporal entities and their qualities were the fundamental realities of human experience, therefore they do not make room for relationships as we understand them today. The root of the problem is that there is a tendency in Aristotelian thinking to deny the being of relationships.

Aristotle admitted that every accident is a being and that every relationship is an accident, but we must remember the Aristotelian definition of accident: "We call accident that which is given in something [that is, in *an* entity], and its enunciation is true, but not, of course, necessarily even the majority of cases" (*Metaphysics* 1025a15). Therefore, the idea of a relationship as a type of bridge between two or more entities was difficult to accept. For this reason Leibniz long after came to ask what is "the subject of that accident which the philosophers call relationship?", in order to conclude that "it cannot be said that both, *A* and *B* together [Leibniz is discussing the example '*A* is greater than *B*'], are the subject of that accident; because if it were so we would have an accident spanning two subjects, with one foot in one and one foot in the other, which is contrary to the concept of accident".[44]

Resulting from the inability to conceive of regularities as relationships between entities, or as relationships between properties of entities, regularities were attributed to their essences; that is to say they were seen as an effect or operation of the nature of the thing.

Willem J. Ouweneel maintains that, in fact,

it was *due to* their belief in the God of the Bible that the great modern pioneers of the natural sciences of the sixteenth and seventeenth centuries (Nicholas Copernicus, Johannes Kepler, Galileo Galilei, Isaac Newton, Robert Boyle) learned to believe in a fixed nomic order, or in an order of the world. This is the belief that everything in the cosmos is subject to fixed laws, and not to the whims of gods and spirits. They learned about the order of the world and fixed laws because they knew the *Lawgiver,* the God of the Bible. (Ouweneel 2021:27-8)

The idea of a lawgiver God who gives laws to his creation and governs everything appears in the Scriptures and provides a guiding line for philosophical thought. For example, in Jeremiah 33:25 it is explicitly said that God has fixed "the laws of the heavens and the earth". This does not refer to the Mosaic law, and not even only to the so-called "moral" law, but to the laws which rule natural phenomena. Psalm 19:1-4 is particularly eloquent:

[1] The heavens declare the glory of God,
and the sky above proclaims his handiwork.
[2] Day to day pours out speech,
and night to night reveals knowledge.

³ There is no speech, nor are there words,
whose voice is not heard.
⁴ Their voice goes out through all the earth,
and their words to the end of the world.

Natural laws together with the laws for human living—rules—are divided into modalities of reality, which are interrelated to form a framework. This framework—the law side of reality—is not reducible to the individual entity, which rather is subject to and is governed by the laws which form this framework. However, even philosophers of science who have recognized this framework have difficulty in accepting its irreducibility to the individual entity. For example, Mario Bunge admits that

> an ontological hypothesis involved in modern science and encouraged by it is that reality, as we know it today, is not a solid homogeneous block but is divided into various levels, or sectors, each one characterized by a set of properties and laws which belong to it. The principal levels recognized currently appear to be the physical, the biological, the psychological, and the sociocultural. Each of these in turn can be divided into sublevels. For example, the principal sublevels of the physical level are the physi-cal level properly so-called and the chemical, and the principal sublevels of the sociocultural level are the economic, the social, and the cultural sublevels. Finer divisions might be introduced and none is rigid nor clearly delineated. (Bunge 1967: 293)

However, in his *Treatise on Basic Philosophy*, Bunge clearly affirms that *"laws are themselves properties of entities"* (Bunge 1977: 78; author's emphasis). This is natural in a philosopher who is assumed to be a materialist, for he cannot conceive of a nomic order which is not ontologically sustained by material entities. But this has always been the tendency of Western philosophy. Either the nomic framework is reduced to the moral law and platonically hypostatized to the rank of *lex aeterna*, or it is ignored, or it is reduced to the properties of individual entities. What I want to show is that the Judæo-Christian scriptural tradition suggests a different mode of seeing the ontological object. A mode which includes not only the individual entity, the subject side, as Suárez teaches us (or Bunge, in this case), but also the law side. The ontological object includes the individual entity as well as the laws and norms which govern the individual entity.

Endnotes

1. *Wijsbegeerte der Wetsidee.* This school of thought has been called, at times, "philosophy of the cosmonomic idea", "philosophy of the nomic framework" or "reformational philosophy". Its principal representative is Herman Dooyeweerd (1900-1976), a neo-calvinist inspired Dutch philosopher. The name of the school is often abbreviated "WdW".

2. There is a Spanish translation of the first two volumes; see end references.

3. For more details, the author is referred to García de la Sienra (2022), Chapter 2.

4. Ferrater Mora (1963), p. 37; (1984), v. 3, p. 2422.

5. Ibid., p. 38; (1984), v. 3, p. 2423.

6. Ibid., p. 36; (1984), v. 3, p. 2423.

7. DI, SI, §26, vI, p. 130. This notation should be read as follows: 'Dn' refers to the number of the disputation, Sn to the section number, 'S{n}' to the paragraph number, and 'vn' to the number of the volume of the Spanish version published in seven volumes by Gredos (see end reference).

8. Reason for which the pietists of the University of Halle accused him of "atheism" and demanded that Prince Frederick William I of Prussia, in 1723, expel him from the professorship.

9. Wolff's metaphysics is divided into four branches: "rational" ontology, cosmology, psychology and theology.

10. Ferrater Mora (1984), v. 3, p. 2424.}

11. In the Disputations 29 and 30.

12. Metaphysics, 1026-15.

13. DI, SI, §26, vI, p. 230.

14. Ferrater Mora (1963), p. 44; (1984), v. 3, p. 2422.

15. D2, S4, §3, vI, p. 417. It is worth noting here that if we accept the principle of plenitude, according to which everything capable of really existing will eventually exist, then "entity" as a name refers to that which will exist or has existed. For more on this principle, see Lovejoy (1936).

16. D2, 84, §5, v1, p. 418.

17. D4, 83, §6, v1, p. 517.

18. D4, 83, §6, v1, p. 517.

19. D4, 83, §I4, vI, p. 523.

20. D4, 83, §I4, vI, p. 523.

21. DI, 82, §I2, vI, p. 241.

22. DI, 82, §13, vI, p. 242.

23. DI, 82, §I3, vI, p. 243.

24. Ibid.

25. Ibid.

26. 23 DI, 81, §I5, vI, p. 221.

27. DI, 82, §I4, vI, p. 244.

28. DI, 82, §I4, vI, p. 244.

29. DI, 82, §I6, vI, p. 245.

30. DI, 82 §I5, vI, p. 245.

31. DI, 82, §I7, vI, p. 246.

32. Ibídem.

33. DI, 81, §I4, vI, p. 219.

34. Institutions 1, p. 20.

35. Ibid., pp. 23, 24.

36. D5, 84, §7, vI, pp. 637–638.

[37] D54, SI, §6, v7, pp. 393–394.

[38] D54, S6, §2, v7, p. 447.

[39] Clouser (2004), p. 206.

[40] The potency axiom tells us that, if x x x is a set, therefore the set of all subsets of x x x—the potency of x x x—is also a set.

[41] Gödel (1981), p. 348. Cantor's conjecture is that no cardinal exists between aleph nought (the cardinal of the set of natural numbers) and the cardinal of the continuum. Recent investigations, such as that of Simms (1990), indicate that this conjecture is false.

[42] *Cfr.* Hedman (1993) and the classic study of Dauben (1979).

[43] From the Greek *diké*, which means "justice".

[44] Quoted in Simpson (1975: 28)

References

Aristóteles (1994), *Metafísica*. Madrid: Gredos.

Bunge, M. (1977), *Treatise on Basic Philosophy III. Ontology I. The Furniture of the World*. Dordrecht: D. Reidel.

—— (1967), *Scientific Research I. The Search for System*. Berlín: Springer-Verlag.

Calvino, J. (1986), *Institución de la religión cristiana* (2 vols.). Rijswijk: Fundación Editorial de Literatura Reformada.

Clouser, R. A. (2004), *The Myth of Religious Neutrality*. Notre Dame: Notre Dame University Press. There is a translation to Spanish: *El mito de la neutralidad religiosa. Un ensayo sobre el papel oculto de la creencia religiosa en las teorías* (Niágara: Cántaro Publications, 2022).

García de la Sienra, A. (2022), *La naturaleza de la fe*. (Xalapa: Universidad Veracruzana).

Gilson, E. (1949), *Being and Some Philosophers*. Toronto: Pontifical Institute of Mediaeval Studies.

Dauben, J. W., *Georg Cantor: His Mathematics and Philosophy of the Infinite*, Princeton University Press, Princeton, 1979.

Dooyeweerd, H. (1935-6), *Wijsbegeerte der Wetsidee* (2 vols.). Ámsterdam: H. J Paris.

—— (1985), *A New Critique of Theoretical Thought*, (4 vols.), Paidea Press, Jordan Station [Ontario]. There are translations to Spanish: *Una nueva crítica del pensamiento teórico I. Las presuposiciones necesarias de la filosofía* (Jordan Station: Paideia Press, 2020). *Una nueva crítica del pensamiento teórico II. La teoría general de las esferas modales* (Jordan Station: Paideia Press, 2022).

Ferrater Mora, J. (1963), "On the early History of Ontology", *Philosophy and Phenomenological Research*, vol. 24, no. 1: 36-47.

—— (1984), *Diccionario de filosofía* (4 vols.). Madrid: Alianza Editorial.

Hedman, B. A. (1993), "Cantor's Concept of Infinity: Implications of Infinity for Contingence", *Perspectives on Science and Christian Faith*, vol., 45, no. 1: 8-16.

Lovejoy, A. O. (1936), *The Great Chain of Being*. Cambridge: Harvard University Press.

Ouweneel, W. J. (2021), *Sabiduría para los pensadores*. Jordan Station: Paideia Press.

Ruby, J. E. (1986), "The Origins of Scientific `Law'\thinspace", *Journal of the History of Ideas*, vol. 47, no. 3: 341–359. https://doi.org/10.2307/2709657

Simms, J. C. (1991), "Why the Continuum Hypothesis is False", *Jahrbuch der Kurt Gödel-Gesellschaft 1990*. Viena: nj12-35.

Simpson, T. M. (1975), *Formas lógicas, realidad y significado*. Buenos Aires: Editorial Universitaria de Buenos Aires.

Suárez, F. (1960), *Disputaciones metafísicas* (7 vols.). Madrid: Gredos.

El Objeto Ontológico

por Adolfo García de la Sienra

Introducción

EL OBJETIVO DE ESTE ARTÍCULO es proponer una respuesta a esta pregunta: ¿cuál es el objeto de la ontología según la filosofía de la idea de la ley?[1] De manera preliminar, por 'ontología' entiendo aquí una teoría de la realidad en general. La metafísica (occidental) se distingue de la ontología en que incluye una especulación acerca de la esencia de Dios, mientras que la ontología no siempre tiene pretensiones tan altas. De hecho, el punto de partida de la ontología de la filosofía de la idea de la ley es el reconocimiento de que solo Dios es divino y de que no hay nada en el universo que sea divino o fundamento sustentador de lo demás.

La filosofía de la idea de la ley contiene como parte central, efectivamente, una ontología. La obra principal de esta escuela es *A New Critique of Theoretical Thought* (1953–1958,

1985), la cual es una revisión y ampliación en inglés de *Wijsbegeerte der Wetsidee* (1932–1935).[2] No trata de modo explícito el problema del objeto de la ontología, si bien Clouser (2022) tiene algunas indicaciones al respecto. Otro objetivo de este escrito es comparar la visión dooyeweerdiana con la escolástica suareciana, lo cual puede ayudar a comprender mejor la novedad de la primera.

Razón y Fe

La filosofía de la idea de la ley se caracteriza entre otras cosas por una visión diferente de la relación entre razón y fe. La visión heredada de esta relación, la cual es presupuesta por todo el pensamiento moderno posterior, no es sino la de la escolástica, iniciada en el siglo II, cuando los padres de la Iglesia Justino Mártir, Clemente y Orígenes (todos miembros de la escuela helenística de Alejandría) desarrollaron un modelo complementario de la relación entre la filosofía griega y la teología, buscando el acomodo de aquella con la Revelación.

La escolástica surge de la convicción de que no hay una oposición radical entre la religión bíblica y cualquier cultura particular, pues concibe la mayor parte de la vida como religiosamente neutral. Divide las creencias en dos clases, creencias que son entregas de la razón y creencias que son entregas de la revelación aceptada por la fe, y luego establece ciertas relaciones entre las unas y las otras.

De esta manera logra un compromiso que limita el alcance de ambas.

El equilibrio consiste en establecer dos niveles: el nivel de la naturaleza y el de la gracia. El nivel "bajo", el de la naturaleza, está abierto a toda la gente a través de la experiencia y la razón; en éste la razón es la autoridad neutral y final. Por otro lado, el nivel "alto", el de la gracia, en su mayor parte (la relativa a la relación propia del hombre con Dios) sólo puede ser conocido por la Revelación, la cual debe ser "aceptada por fe". La escolástica concibe así a la razón y a la fe como dos facultades distintas de los humanos, cada una de las cuales es autoridad en su propio dominio.

La escolástica piensa que hay una interacción en dos sentidos entre la fe y la razón: cada una tiene ciertos deberes hacia la otra. Por una lado, la escolástica sostiene que la razón no sólo descubre verdades acerca de la naturaleza, sino que también prueba la existencia de lo sobrenatural, sistematiza las doctrinas reveladas y verifica la compatibilidad de las teorías de la razón con estas doctrinas. Por el otro, la fe provee un control externo al dar las bases para rechazar las teorías de la razón que resulten incompatibles con ella. La escolástica sostiene, sin embargo, que a diferencia de la razón -la cual es concebida como un atributo esencial del hombre- la fe es un *donum superadditum* que complementa a la razón. Para la escolástica, la fe no es una influencia internamente motivadora, sino un control externo a lo que la razón puede aceptar. Es por ello que Tomás de Aquino decía que las verdades sobrenaturales podían ser conocidas por la razón y servir así como preámbulo para la fe.

El pensamiento moderno en todas sus variantes se mueve dentro de la presuposición de este esquema escolástico dualista. Lo que el racionalismo sostiene es que la razón es un Tribunal Supremo ante el cual deben someterse a análisis crítico todas las creencias, pero de hecho el racionalismo presupone (acríticamente) la autonomía del pensamiento teórico; es decir, una cierta antropología filosófica en la que el entendimiento humano aparece como un poder absoluto e incondicionado, carente de presupuestos religiosos o de otra índole. En otras palabras, el racionalismo lo que hace es eliminar el nivel de la gracia para quedarse sólo con el nivel de la naturaleza. El irracionalismo, por otra parte (por ejemplo en Kierkegaard) lo que hace es separar tajantemente la esfera de la fe de la de la razón, para relegar la primera a lo "irracional".

Este trabajo parte de una concepción diferente de la relación entre fe y razón.[3]

Se puede mostrar que todo hombre y por ende todo filósofo tiene alguna u otra fe: todo hombre tiene creencias religiosas, donde por 'creencia religiosa' entiendo una proposición que afirma la existencia de algo 'divino'; es decir, de algo autosubsistente. Lo que quiero sugerir es que ninguna filosofía es autónoma ni religiosamente neutral, sino que está dirigida y regulada por creencias religiosas. Este artículo se inscribe dentro de esta visión de la relación entre fe y razón pero no está dedicado a exponerla y defenderla. El lector puede encontrar una argumentación muy detallada en Clouser (2022), así como en el primer volumen de Dooyeweerd (2020).

He encontrado útil para mis propósitos en este trabajo partir de una somera revisión de la historia del comienzo de la ontología, con particular énfasis y atención a las contribuciones del filósofo español Francisco Suárez al tema que me ocupa. Como lo han mostrado Ferrater Mora y Gilson, Suárez es el padre de la ontología propiamente dicha, además de que fue el primer filósofo en plantearse de un modo tan amplio, sistemático y exhaustivo el problema del objeto de la ontología. Creo que una revisión crítica de este aspecto de la obra de Suárez puede ser útil para comprender la concepción de la filosofía de la idea de la ley, a la luz de sus diferencias con la clásica concepción escolástica.

Origen de la Ontología

Actualmente, el término 'ontología' posee carta de naturalización en el lenguaje filosófico común. Etimológicamente, el término sugiere algo así como un tratado (logos) del ente (*to on*). De hecho, si bien Ferrater Mora ubica el origen de la ontología propiamente dicha en las obras metafísicas de Pedro Fonseca y Francisco Suárez, respectivamente, "cuando se promovieron especulaciones filosóficas más que teológicas",[4] ninguno de estos autores usa jamás el término ni parece haber sentido la necesidad de distinguir una nueva disciplina dentro de lo que ellos llamaban 'metafísica'. La palabra 'ontología' (*ontologia*) parece haber sido usada por primera vez por Rudolf Goclenius en su *Lexicon philosophicum, quo tanquam clave philosophiae fores aperiuntur*, [*Diccionario filosófico, como una llave con la cual se abren las puertas de la filosofía*] publicado en 1613, para designar la *philosophia de ente*,[5] Con algunas variaciones en su significación, el término es usado a lo largo de un siglo desde entonces, pero no es sino hasta alrededor de 1730, con la publicación de la *Philosophia prima sive ontologia methodo scientifico pertractata, qua omnes cognitionis humanae principia continentur* [*Filosofía primera u ontología tratada a través del método científico, en la cual se contienen todos los principios del conocimiento humano*], que Christian Wolff populariza el término en los círculos filosóficos. Allí define Wolff la *ontologia seu philosophia prima* [ontología o filosofía primera] como *scientia entis in genere, quatenus ens est* [ciencia del ente en general, en cuanto que es ente] (§1), y le asigna la investigación de los más generales predicados de todos los entes como tales (§8), mediante el uso de un "método demostrativo" (§2).[6]

Si la metafísica se había cultivado durante muchos siglos hasta finales del siglo XVI, que es cuando Suárez publica las *Disputaciones metafísicas*, cabe preguntar qué hay en el planteamiento de Suárez que da lugar a una nueva disciplina.

En otras palabras, ¿en qué se distingue la metafísica hasta Suárez de la nueva disciplina que vino a ser llamada 'ontología'? Partiendo de una respuesta a esta pregunta, procederé a dar una definición precisa del sentido en que aquí se usará la palabra 'ontología'. Para ello, habré de discutir la caracterización de la metafísica que da Suárez en las *Disputaciones metafísicas*.

El Objeto de la Metafísica de Suárez

En el primer tratado sistemático de metafísica que se escribió en la historia de la filosofía occidental -las *Disputaciones metafísicas* de Francisco Suárez- su autor establece que el ente, en cuanto ente real, es el objeto adecuado de esta disciplina.[7] Esta circunscripción del objeto de la metafísica ciertamente se parece mucho a la del objeto de la ontología que haría Wolff unos 130 años después. Sin embargo, hay diferencias importantes entre la metafísica entendida al modo suareciano y la ontología entendida al modo de Wolff. De hecho, Wolff fue también un metafísico especulativo, convencido de la capacidad de "la razón" para elevarse al conocimiento de Dios y del alma por sí misma.[8] No es, por lo tanto, el abandono de la teología natural lo que caracteriza a la metafísica wolffiana. La metafísica de Wolff incluía a la teología natural como una de sus ramas. Lo que sucede es que la ontología es otra de esas ramas.[9] Aparentemente, lo que hace Wolff es distinguir, mediante una división de la metafísica, temas que ya se anunciaban en la metafísica suareciana, y suponer que hay una disciplina con una unidad propia que merece un tratamiento aparte. Esta disciplina se podría llamar también 'metafísica general' y se ocuparía de "formalidades"; es decir, de las determinaciones que convienen a todos los entes en cuanto tales. La metafísica especial, por contraposición, se ocuparía de lo que se encuentra "más allá" de la experiencia, y por ello puede ser considerada como una *trans-physica*.[10]

Vistas desde esta ventajosa perspectiva, las *Disputaciones* de Suárez entremezclan la metafísica general -la ontología- con la metafísica especial -o sea, la teología natural-, puesto que contienen un exhaustivo tratamiento de Dios "en cuanto pueden conocerse por la razón natural su existencia, esencia y atributos".[11] Como dijimos, Wolff no difiere de Suárez en cuanto a la posibilidad y legitimidad de este tipo de teología. La necesidad de una

nueva disciplina, que habría de ser llamada 'ontología' no surge entonces de un rechazo (que nunca tuvo lugar) al cultivo de la teología natural, y debe por lo tanto encontrarse en otro lado. La metafísica general, por otra parte, parece encontrarse ya no digamos en Tomás de Aquino o en filósofos católicos anteriores, sino incluso en Aristóteles mismo, en la medida que la filosofía primera pueda distinguirse de la teología especulativa. Desde luego, Aristóteles caracteriza a su filosofía primera como "teología", en tanto que ésta trata con cosas que "son capaces de existencia separada e inmóviles" y puesto que "no deja de ser obvio, desde luego, que lo divino se da en esta naturaleza, si es que se da en alguna parte".[12] Sin embargo, es posible distinguir, al menos como un capítulo dentro de la filosofía primera, el estudio de las "sustancias eternas" del de los demás entes, como lo hace Aristóteles mismo, al relegar el estudio de ellas a los dos últimos libros de la *Metafísica*. Es difícil entender cómo esta distinción puede lograrse con claridad en la metafísica suareciana, sin embargo, si el objeto de la metafísica, según Suárez, debe comprender a Dios y a las demás sustancias inmateriales, pero no sólo a éstas. Y así debe comprender no sólo a las sustancias, sino también a los accidentes reales, pero no a los entes de razón ni a los que son totalmente per *accidens.*[13]

La clave de la distinción parece encontrarse no tanto en una supuesta exclusión de la teología natural -la cual, como vimos, no se da- sino en la forma en que la metafísica general va a considerar el ente; a saber, como una esencia a la cual le es indiferente el existir; es decir, como un estudio de las esencias carente de compromisos existenciales. Éste sería un estudio de carácter "formal", en el cual se clarificarían nociones fundamentales como "esencia", "existencia", "causa", etcétera, mostrándose las conexiones lógicas entre ellas, pero no se haría ninguna suposición de carácter existencial, lo cual se deja a la metafísica especial (al menos para el caso de la divinidad), una de cuyas tareas es precisamente demostrar la existencia de una sustancia increada.

No es que la ontología haya excluido de su consideración a Dios y a los ángeles, sino tan solo que los ve como "esencias" posibles, sin comprometerse en cuanto a su existencia. En efecto, en paradigmáticos casos de textos de ontología u "ontosofía" (los términos se consideraban sinónimos), se piensa el ente como una esencia posible. Por ejemplo, Johann Clauberg en su *Metaphysica de Ente, quae rectius Ontosophia* [Metafísica del ente, la cual rectamente es onto-

sofía] (1656) decía que en ésta "contemplatur ens quatenus ens est", [el ente es contemplado en tanto que es ente] y aclaraba que ésta trataba "rebus corporeis & incorporeis, Dei & Creaturis" [de las cosas corpóreas e incorpóreas, de Dios y las criaturas]. Sin embargo, como apunta Ferrater Mora, "lo que importa aquí no es si algo existe realmente o no, sino si puede ser pensado o no, se puede hablar acerca de ello o no".[14] La fórmula (en alemán) que Clauberg introduce para definir el *ens* como objeto de la ontología es: "Alles was nur gedacht und gesagt werden kann" [todo de lo que solamente se podría decir y pensar], con lo cual no solamente algo *aliquid* [algo] es parte de ese objeto, sino ¡también la nada (*nihil*)!

Etienne Gilson (1949) se quejó insistentemente del abandono del "compromiso con el ser actualmente existente", que los filósofos habrían emprendido desde Suárez para caer en ese "esencialismo" que posteriormente vendría a ser conocido como 'ontología'. Y no le faltaba razón a Gilson al atribuir a Suárez la paternidad de este sesgo. De hecho, Suárez distinguió dos sentidos del término 'ente'. 'Ente' solía tomarse a veces como participio del verbo 'ser' pero en otras ocasiones se tomaba como nombre. Cuando se toma como participio, 'ente' denota precisamente a los entes que existen en el momento en que el término está siendo utilizado, y por ende significa lo que tiene existencia actual. Cuando se toma como nombre, por otra parte, no sólo se "refiere" a estos entes actualmente existentes, sino también al "ente potencial" o a "las naturalezas reales consideradas en sí mismas, existan o no".[15] Allí mismo agrega Suárez que es el ente nominalmente significado el que se toma como objeto de la metafísica, pues es en este sentido "que la metafísica considera al ente, el cual de este modo se divide en diez predicamentos". Pero, ¿cómo entiende Suárez el ente nominalmente significado? Dice Suárez:

> si el ente se considera como significado de dicha palabra ['ente'] tomada con valor de nombre, su razón consiste en ser algo que tiene esencia real, es decir, no ficticia ni quimérica, sino verdadera y apta para existir realmente.[16]

Es decir, según Suárez, es el ente posible, o las esencias reales, aptas para existir en acto, lo que constituye el objeto de la metafísica. Bajo esta óptica, el ente actualmente existente es sólo una parte, un caso particular del objeto de la metafísica, el cual incluye todo el ente posible.

Por supuesto, esta delimitación del objeto de la metafísica es efectuado desde el marco conceptual escolástico, el cual incluye de modo muy preeminente el concepto de sustancia. Ahora bien, referirse a ciertos entes como sustancias implica admitir una cierta concepción filosófica de los mismos que en todo caso tendría que ser primero justificada. Es por ello que no me referiré con el término 'sustancia' a aquellos entes que Suárez designó como sustancias. Sabemos que estos entes son Dios, los ángeles y los seres corpóreos. Así, según Suárez el objeto de la metafísica está constituido por estos entes así como por sus "accidentes", pero concebidos como entes posibles, como esencias aptas para existir en acto (con excepción de Dios, quien es concebido por Suárez, desde luego, como existente por sí mismo).

Al dejar fuera de la metafísica a los "entes de razón", y a los entes "totalmente *per accidens*", Suárez quiere excluir de su consideración las "negaciones", las "privaciones" y los "conceptos objetivos" o intensiones lógicas, así como entes carentes de lo que él llama "unidad *per se*". Al igual que el de sustancia, el concepto de ente *per se* se ubica en el aparato conceptual escolástico y presupone concepciones filosóficas que no deberían ser admitidas sin previa discusión. Y no es que estas concepciones sean muy claras. Suárez dice que el concepto de ente *per se* consiste en tener precisamente lo que esencial e intrínsecamente se requiere para la esencia, integridad o complemento de dicho ente en su género.[17] Y luego agrega:

> será ente *per se* propia y rigurosamente aquello que tiene una esencia o entidad. Y será una, con toda propiedad, aquella esencia o entidad que tiene en su género cuanto es preciso para su intrínseca razón o consumación [. . .] y todo aquel [ente] que se aparte de esta unidad, se llamará ente *per accidens*.[18]

Es difícil entender, desgraciadamente, bajo qué condiciones una entidad tiene en su género "cuanto es preciso para su intrínseca razón o consumación". Mediante este concepto Suárez está tratando de dar cuenta de ciertas formas de unidad que encontramos en algunos objetos de la experiencia, mencionadas por Aristóteles en el libro V de la *Metafísica*, y de las cuales es paradigma la unidad que presentan los organismos vivos o -de manera quizá menos patente- ciertos cuerpos claramente delimitados y homogéneos. Tal vez sea posible explicar ese tipo de unidad, pero no me parece en todo caso que Suárez lo haya logrado.

Por otra parte, Suárez admite que la unidad *per accidens* admite grados, pues afirma que

> en el ente con unidad *per se* hay variedad, y en ella cabe un más y un menos. Pues hay cosas que son entes totalmente por agregación, y en ellas hay muchos entes *per se* íntegros y perfectos que se acumulan sin ninguna unión ni orden, y esto parece que es el grado máximo de accidentalidad [. . .] de esta clase sería un montón de piedras.[19]

Pero Suárez reconoce otros grados menores de accidentalidad, pues añade que

> otra clase de ente *per accidens* es el que consta ciertamente de entes *per se* íntegros, que no tienen entre sí una unión física, pero que guardan entre sí un cierto orden, como ocurre con el ejército, una república, una casa y otros objetos artificiales parecidos, en los cuales puede haber tanta variedad y diferencia de intensidad cuanto mayor o menor pueda ser la unión de los entes *per se* de que constan; y de este modo parece más uno el árbol al que ha sido injertada una rama de otra especie, que una casa, y la casa más que el ejército y así en lo demás. Y en este orden hay que colocar las mezclas de licores compuestos de otros simples alterados imperfectamente, como el vino aguado, el ojimiel, etc. Por lo cual, resulta que aunque éstos, simple y absolutamente, sean entes *per accidens*, sin

embargo, relativamente, es decir, en comparación con el ente que es uno por mera agregación, suelen a veces llamarse entes *per se*. Pues porque los medios participan en algo de los extremos, suelen recibir diversos nombres por la comparación con aquellos; y los entes de esta clase, al convenir de algún modo con los entes *per se*, en cuanto que quedan unidos por alguna forma o relación común, a veces se denominan, por ello, de este modo.[20]

Ahora bien, como los entes "totalmente *per accidens*" son aquellos que se encuentran en el extremo del espectro opuesto al que ocupa el ente *per se* "propia y rigurosamente", se sigue que agregados como un montón de piedras quedan fuera del objeto de la metafísica. Es difícil desentrañar las razones por las que Suárez hace esta exclusión -la cual se antoja un tanto arbitraria- pero la principal de ellas parece ser la dificultad que presentan algunos agregados a todo intento por conceptualizarlos como estructurados por una forma sustancial.

Después de haber delimitado el objeto de la metafísica, Suárez procede a discutir el modo de abstracción o las razones bajo las cuales la metafísica considera su objeto. Al respecto Suárez sostiene que aunque la metafísica estudia el ente en cuanto ente y las propiedades que por sí le

convienen en cuanto tal, con todo no se detiene en la razón precisa y actual del ente como tal, sino que desciende a la consideración de algunos inferiores según sus propias razones.[21]

Lo que Suárez quiere decir con esto es que la metafísica no se detiene en los conceptos que están lógicamente contenidos en la significación de 'ente', sino que también considera los conceptos que delimitan subclases más especiales de la extensión del concepto. Por ejemplo, un "inferior" del concepto de ente sería el de ente finito -contrapuesto al ente "infinito" que es Dios. La "razón" de esta subclase sería precisamente lo que delimita al ente finito, a saber, el no existir por sí mismo. Aclara Suárez de inmediato, sin embargo, que la metafísica

no considera todas las razones propias o quididades de los entes en particular, sino sólo las que quedan contenidas bajo su propia forma de abstracción, o en cuanto necesariamente se encuentran unidas con ella.[22]

¿Cuál es la forma propia de abstracción de la metafísica? Suárez responde a esta pregunta distinguiendo tres modos de abstracción: el matemático, el propio de la filosofía natural y el metafísico. En el más puro estilo aristotélico Suárez dice que la matemática "abstrae conceptualmente de la materia sensible, pero no de la inteligible, ya que la cantidad, por mucho que se abstraiga, no puede concebirse más que como una cosa corpórea y material".[23] La filosofía natural, en cambio, "aunque hace abstracción de lo singular, no hace así con la materia sensible, es decir, la que está sujeta a los accidentes sensibles, sino que más bien se vale de ella en su modo de raciocinar".[24] De la metafísica, finalmente, se dice que abstrae de la materia sensible e inteligible, no sólo según la razón, sino según el ser, porque las razones de ente que considera se hallan en la realidad sin materia y, por tanto, en su concepto propio y objetivo [i.e. "precisivo"] de por sí no incluye la materia.[25]

Ahora bien, abstraer de materia según el ser no es otra cosa que poder existir real y verdaderamente en la naturaleza sin materia; y esto es verdad no sólo de la sustancia inmaterial como tal, sino también de cualquier razón superior, ya que bastándole para existir la misma sustancia inmaterial, es claro que puede también existir en la realidad sin materia.[26]

Por eso puede decir Suárez que abstraen de materia según el ser aquellas nociones de ente que "pueden existir en cosas inmateriales" como -según él- las nociones de sustancia

y accidente (pues habría sustancias inmateriales y accidentes de sustancias inmateriales). Esto no quiere decir que esas nociones sólo denoten entes inmateriales, sino que pueden denotar tanto los materiales como los inmateriales:

> No sólo se dice que abstraen de materia según el ser aquellas nociones de ente que nunca están en la materia, sino también aquellas que pueden existir en cosas inmateriales, pues esto es suficiente para que en su razón formal no incluyan la materia, ni la requieran de sí.[27]

Se entiende entonces por qué, según Suárez, están contenidas bajo esta peculiar forma de abstracción no sólo las razones de sustancia y accidente, sino las de "ente creado e increado, sustancia finita e infinita, e igualmente los accidentes absolutos o respectivos de la cualidad, la acción, la operación o dependencia, y otros".[28] Pues todos estos conceptos se aplican tanto a entes materiales como inmateriales. En efecto, entes creados son los corpóreos, pero también los ángeles; sustancias finitas serían tanto unos como los otros; y tanto los primeros como los segundos poseen accidentes. La sustancia infinita -por excelencia- abstrae de materia según el ser y, como subraya Suárez, se infiere que pertenece a la metafísica tratar en particular de todos los entes o razones de ente que no pueden hallarse más que en las cosas inmateriales, como son la razón común de sustancia inmaterial, la de sustancia primera o increada y la de espíritu creado con todas las especies o inteligencias que bajo aquel se contienen.[29]

No cabe duda de que esta consideración implica que el concepto de alma debería pertenecer a la metafísica propiamente. Sin embargo, debido a las especiales dificultades metodológicas que presenta el estudio del alma, Suárez relega a una ciencia especial su estudio, aunque el concepto de alma abstrae de materia según el ser.[30]

En tercer lugar infiere Suárez que pertenece a la metafísica tratar de la noción común de causa, de cada una de las clases de causas como tales y de las primeras o más importantes causas o razones de causa de todo el universo.[31]

Esto se debe a que "la razón de causa y efecto en cuanto tales, son por sí mismas comunes a las cosas materiales e inmateriales".[32] En suma, tal parece que por 'concepto contenido bajo su forma propia de abstracción' Suárez entiende aquellos conceptos subsumidos bajo el concepto de ente que delimitan clases de entes que incluyen seres tanto materiales como inmateriales. Éstos son los que finalmente determinan el modo de abstracción o las determinaciones mediante las cuales la metafísica considera su objeto.

Esto se comprueba aun más en el contexto en que Suárez discute el concepto de abstracción de materia según el ser, donde, citando a Aristóteles en el VI de la *Metafísica*, Suárez considera que si no existiesen sustancias que prescindiesen de la materia según el ser, la filosofía natural sería la primera y no habría otra ciencia necesaria fuera de ella.[33]

Esta aseveración es interesante porque plantea la cuestión de si el rechazo de entidades inmateriales implica el rechazo de la metafísica como disciplina legítima, duda que también se podría extender a la ontología. Habremos de considerar esta cuestión, así como las muchas que Suárez ha planteado, cuando consideremos el objeto propio de la ontología de la filosofía de la idea de la ley.

El Objeto de la Ontología de la Filosofía de la Idea de la Ley

Como se hace muy patente en la discusión suareciana relativa al objeto de la metafísica, es difícil si no imposible determinar el objeto de una disciplina filosófica sin presuponer la validez de un aparato conceptual determinado. El uso de términos como 'sustancia' o 'materia' ya involucra un compromiso filosófico con ciertas tesis y conceptos. Con miras a definir el objeto de la ontología cosmonómica, así como de determinar el modo en que considera este objeto, no voy a adoptar el aparato conceptual aristotélico (o alguna de sus variantes escolásticas), pero sí el concepto de ente real, tomado como participio del verbo ser. Lo que esto significa es que, siguiendo a Suárez, por 'ente real' o simplemente 'ente' voy a entender cualquier cosa actual y efectivamente existente o efectivamente apta para existir (pues los entes que existen en un momento dado del tiempo pueden no existir en otro, y ha habido o habrá entes que han existido o existirán). En efecto, 'ente' no se refiere exclusivamente a los entes que ahora existen en acto, sino a todos en general.

La primera gran diferencia que se aprecia entre la ontología suareciana -la que tomo como representante de la metafísica escolástica e incluso de la griega- y la cosmonómica es que la primera sólo considera como objeto de la disciplina el lado "sujeto" de la realidad. En efecto, desde el punto de vista cosmonómico, los entes reales (las "sustancias" y sus accidentes) son cosas sujetadas a la ley y por eso las llamamos 'sujetos'. Pero la realidad

comprende también un lado *ley*; es decir, la leyes y normas a las que están sujetos los entes reales.

Hay otros aspectos en los que la ontología aquí propugnada diverge de la suareciana y de la escolástica en general. Trataré estas divergencias antes de proceder a explicar en qué consiste el objeto de la ontología cosmonómica. Estos aspectos se expresan fundamentalmente en tres cuestiones: (1) la cuestión de si Dios y los entes "que abstraen de materia según el ser" (como sostiene Suárez) forman parte del objeto de la ontología; (2) la cuestión de si los entes "totalmente *per accidens*" forman parte de ese objeto; y (3) la cuestión de si "entes de razón" como las "intenciones lógicas" (los conceptos, las proposiciones, los conjuntos) forman asimismo parte del susodicho objeto de la ontología. Trataré cada una de estas cuestiones por separado.

¿Forman Dios y los "Entes que Abstraen de Materia" parte del Objeto de la Ontología?

La Escritura habla de dos maneras de conocer a Dios: la natural y la Revelada. La experiencia atestigua que los hombres tienen un cierto sentimiento de piedad en sí mismos, una cierta noción de Dios esculpida en sus mentes y, además, la maravilla de la creación da cierta idea del poder, la justicia y la providencia de Dios. Sin embargo, este conocimiento de Dios se halla tan corrompido, y es tan confuso, que en nadie madura para llegar a la perfección y no produce verdadera piedad.

Es por ello que Juan Calvino rechazó que la especulación fuera aceptable para entender a Dios:

Éste es el mejor medio y el más eficaz que podemos tener para conocer a Dios: no penetrar con atrevida curiosidad ni querer entender en detalle la esencia de la divina majestad, la cual más bien hay que adorar que investigar curiosamente, sino contemplar a Dios en sus obras, por las cuales se nos aproxima y hace más familiar y en cierta manera se nos comunica.[34]

Y subrayando el hecho de que casi cada hombre se ha forjado un dios a su conveniencia, agrega que

el entendimiento humano respecto a los secretos de Dios es muy corto y ciego, pues cada uno yerra tan crasamente al buscar a Dios [. . .] si los hombres fuesen solamente enseñados por la Naturaleza, no sabrían ninguna cosa cierta, segura y claramente, sino que únicamente estarían ligados a este confuso principio de adorar al Dios que no conocían [. . .] toda opinión que los hombres han fabricado en su entendimiento respecto a los misterios de Dios, aunque no traiga consigo una infinidad de errores, no deja de ser la madre de los errores.[35]

Ahora bien, la teología natural puede entenderse como un esfuerzo especulativo del hombre por captar con su entendimiento la esencia de Dios, a partir de las cosas creadas. Esto equivale, además, a pretender que Dios en su misma esencia está sometido a las leyes, pues es imposible el conocimiento de entes que no estén sujetos a leyes, ya que es la regularidad que muestran lo que permite conocerlos. Además, la suposición de que Dios está sujeto en particular a las leyes morales conduce a un famoso dilema, el dilema del Eutifrón. Según este dilema, si lo moral es aprobado u ordenado por Dios porque es moral, parecería que él está sujeto a la moral. Pero si el mandato de Dios es suficiente para hacer moral lo que manda, entonces cualquier cosa que Dios mande será buena por el sólo hecho de que la mande. Si tomamos el segundo cuerno del dilema, parecería que hacemos a Dios arbitrario, con lo que perderíamos toda posibilidad de entender las ideas de justicia y santidad divinas; pero si tomamos el primero tenemos que admitir no sólo que Dios depende de la ley moral en un sentido ético (Dios debe obedecer la ley), sino que además debemos aceptar que hay algo increado aparte de Dios mismo (pues si Dios está sujeto a la ley, entonces la ley existe de modo previo o concomitante a Dios). En general, la tesis de que Dios está sujeto a leyes implica que Dios tiene propiedades (los "atributos divinos") pero esta tesis nos lleva a un dilema aun más fundamental que el del Eutifrón: o las propiedades de Dios son distintas de él, o son idénticas. Veremos que ambos cuernos del dilema conducen a formidables dificultades teológicas.

Si Dios es distinto de las propiedades que constituyen su naturaleza, entonces, como no puede existir sin ellas, se deduce que depende ontológicamente de ellas. Esto niega que Dios sea enteramente autosubsistente y hace de las propiedades algo divino. Pero esta consecuencia es enteramente inaceptable para el cristianismo bíblicamente fundado.

Si Dios es idéntico a sus propiedades, por otra parte, se sigue que todas sus propiedades son en realidad una y que ---por ende--- Dios no es más que una propiedad. Ésta es de hecho una visión que tuvo muchos adherentes entre escolásticos como Suárez o Tomás de Aquino. El problema es que si la justicia, el poder, el conocimiento y la bondad de Dios son idénticos entre sí, entonces es imposible que nos formemos idea alguna ---ni siquiera analógica--- de dichos atributos, pues es imposible que nos formemos un concepto de la justicia, por ejemplo, según el cual no hay distinción alguna entre ésta y digamos el poder. Peor aun, la tesis implica que Dios es una propiedad abstracta y por lo tanto no una persona como enseña la Escritura. Éstas son fallas esenciales de la tesis y no dificultades que pudieran ser eventualmente subsanadas.

La única salida que queda abierta para una posición radicalmente bíblica es la que propuso Juan Calvino: *Deus legibus solutus est, sed non ex lege* [Dios no está sometido a la ley, pero no se sale de ella]. Dios no está sujeto a la ley pero tampoco es arbitrario. Esto se ha expresado en ocasiones también diciendo que la ley es el límite entre Dios y la creación: Dios está por encima de la ley, la creación bajo la ley. A esto habría que agregar que las propiedades o atributos de Dios son dependientes de él, esto es creados. En otras palabras, el ser increado y no revelado de Dios es inescrutable para nosotros, pues no está gobernado por ninguna de las leyes (creadas) que gobiernan a las criaturas, y no puede ser conceptualizado. Todo lo que el hombre necesita saber para entrar en una relación apropiada con él está dado en la Revelación. La "naturaleza" de Dios tal y como está descrita en la Escritura es algo que Dios creó y asumió para que los hombres pudieran entrar en pacto con él. Esta concepción se llama 'acomodacionista', pues ve los atributos divinos como criaturas que Dios hizo para acomodarse a las capacidades humanas. El acomodacionismo sostiene, pues, que en efecto Dios es distinto de sus propiedades, pero que no depende de ellas, pues éstas son creadas.

Claramente, el acomodacionismo nos lleva a la conclusión de que sólo a través de sus atributos revelados y creados puede ser Dios conocido, de modo que queda fuera de lugar toda forma de teología natural especulativa. En otras palabras, Dios no forma parte del objeto de la ontología cosmonómica, aunque sí sus atributos creados: de ellos se ocupa precisamente la teología bíblica sistemática. De esta manera, la teología bíblica sistemática aparece como una ciencia especial cuyo objeto teórico es la Revelación de Dios ---que ha penetrado en el orden temporal de nuestra experiencia--- desde el punto de vista de la fe. La conclusión es que Dios en sí mismo no puede ser objeto de la ontología o de ciencia alguna, pero sí su imagen revelada, así como todos los entes de que habla la Escritura, aunque sea ajena al aparato conceptual de la ontología de la idea de la ley la distinción escolástica entre entes materiales e inmateriales.

¿Forman los Entes *per accidens* parte del Objeto de la Ontología?

Como sugerí anteriormente, la principal razón por la que Suárez excluye al ente "totalmente *per accidens*" del objeto de la metafísica es la dificultad de que sus ejemplos paradigmáticos de tales entes (montones de piedras, por ejemplo) se muestran reacios a todo intento por concebirlos como estructurados por una forma sustancial. Esto plantea de entrada el problema de la unidad individual: ¿qué es lo que constituye la unidad de un ente individual? Después de haber adoptado una determinada solución a este problema, a saber, que la forma sustancial es "principalmente" lo que constituye la unidad del ente individual,[36] Suárez encuentra que entes que —al menos *prima facie*—tienen cierta unidad individual, en último análisis resultan no tenerla. Por lo que a la ontología cosmonómica concierne, tanto la solución propuesta por Suárez como sus consecuencias son inadmisibles, puesto que los montones de piedras—por ejemplo—sí son entes individuales y además el dualismo materia/forma es ajeno a su aparato conceptual. No es este el lugar para entrar en los vericuetos del problema de la unidad individual, pero la unidad individual de aquellos entes a los que Suárez se refería con el término `ente totalmente *per accidens*' no resulta problemática desde la perspectiva de la ontología del la idea de la ley, desde el momento en que habrá de ser tomada como un dato de la experiencia.

¿Forman los Entes de Razón parte del Objeto de la Ontología?

Suárez definía el ente de razón como aquel que tiene ser objetivamente sólo en el entendimiento, o aquel que es pensado por la razón como ente, aun cuando en sí no posea entidad.[37] Según Suárez, hay tres tipos de entes de razón: las negaciones, las privaciones y las relaciones de razón. Una privación es la falta de una forma en un sujeto naturalmente apto para tenerla. Por ejemplo, el hombre posee naturalmente la facultad de ver, de modo que la ceguera es una privación, ya que es la ausencia o privación de esa facultad. Una negación, en cambio, es la falta de una forma en un sujeto sin que éste tenga una aptitud natural para tenerla. Ejemplos de negación son la carencia de alas por parte de un caballo, pero también el espacio y el tiempo "imaginarios"; i.e. pensados como separados de todo cuerpo físico. Una relación de razón es aquella que no es real, es decir, "aquella que finge el entendimiento a modo de una forma

ordenada a otra cosa o que pone en referencia una cosa con otra que en la realidad misma no está ordenada o referida".[38]

Esto es, una relación de razón es aquella que o bien uno de sus términos es un ente de razón él mismo, o bien que está fingida por el entendimiento. Ejemplos de relaciones de razón serían (1) relaciones en las que ninguno de los términos es real, sino un ente de razón, como la que se da entre dos quimeras, o entre dos entes posibles pero no actualmente existentes, como la relación de antecesión entre el Quijote y el actual rey de Francia; (2) relaciones cuyos extremos son reales, pero que no son realmente distintos, como la relación de identidad y cualquier relación reflexiva entre uno y el mismo ente; (3) relaciones que, aunque tienen lugar entre cosas distintas capaces de relaciones reales predicamentales (*i.e.* fundadas en accidentes reales de los entes) carecen de fundamento intrínseco, como son todas aquellas—según Suárez—que no se fundan más que en una cierta denominación extrínseca derivada de la voluntad: tales son los contratos o la relación de signo convencional con su referente, así como relaciones no mutuas, entre las que se incluyen aquellas uno de cuyos extremos es de razón o las que Dios guarda respecto de las criaturas; (4) relaciones en las que concurre cualquier combinación de las deficiencias arriba anotadas, entre las que se incluyen de manera señalada las intenciones lógicas correspondientes a las "tres operaciones del entendimiento": Suárez dice que de las tres operaciones del entendimiento surgen de modo correspondiente tres tipos de relaciones de razón, a saber, (A) las relaciones de género, especie, definición, definido, etcétera; (B) las de predicado, sujeto, cópula, proposición; (C) la relación de antecedente, consecuente, medio, extremo, etcétera. A este cuarto grupo pertenecen también las quimeras, como la dorada y redonda cúpula cuadrada de la Catedral de México.

Se ve que en la categoría de ente de razón incluye Suárez muchos tipos de entidades que en la actualidad algunos filósofos llamarían 'entidades abstractas'. Esto plantea de modo natural la pregunta de si también los objetos matemáticos han de ser considerados como entes de razón. Sin embargo, a pesar de que en la actualidad algunos filósofos tienden a pensar en las entidades de que tratan las matemáticas (números, conjuntos, toposes) como "entidades abstractas", y por ende como teniendo una existencia "distinta" de la de los "entes reales", Suárez y en general los escolásticos no pensaban que la can-

tidad fuese un ente de razón. Desde luego, ni Suárez ni ningún discípulo coherente de Aristóteles hubiera pensado que podían existir agregados infinitos—como el conjunto N de los números naturales—"en acto". Es por ello que hubieran dicho que los conjuntos infinitos de Cantor no eran, en realidad, sino quimeras— probablemente tan contradictorias como el cuadrado redondo. En su exposición de la ontología cosmonómica, Clouser (1991) afirma que los entes que encuentran su función cualificadora en la modalidad cuantitativa no son los ``números de los sistemas abstractos de matemáticas diseñados para calcular la cantidad", sino aquello presente en "nuestra experiencia no abstractiva, intuitiva, de la cantidad de las cosas que la ciencia de las matemáticas abstrae como su campo de investigación".[39] Clouser coincide así con Suárez en pensar que los números realmente existentes sólo son aquellos que pueden ser "observados" en relación con cosas concretas y corpóreas.

La posición finitista (tanto la escolástica como la de Clouser) se tiene que enfrentar a serias dificultades. En primer lugar, el concepto de número presupone el concepto de conjunto, pues un número no es sino la propiedad de ciertos agregados: su cardinalidad. Por supuesto, el conteo de los miembros de un agregado o conjunto presupone que éstos son objetos definidos y separados de nuestra intuición o nuestro pensamiento (para usar una frase de Cantor), Esto significa que los elementos del conjunto tienen su propia identidad individual: es en este sentido que la unidad individual y distinción de cada ente es el fundamento de su posibilidad de ser contado. Ahora bien, la posición finitista (la cual es una forma de nominalismo) quiere ver los números concretos (o cantidades) como propiedades de agregados que pueden ser encontrados en el campo de la experiencia (como una manada de caballos), y ver así los números aritméticos (los elementos de N) como abstracciones, como propiedades abstraídas de esos agregados concretos. Clouser piensa que este tipo de abstracción va a a proveer a las matemáticas con los objetos propios de su campo de investigación, pero ello sería el caso sólo si los "más abstractos conceptos" de la matemática pudieran ser construidos sobre la base finitista de las cantidades concretas. Desgraciadamente para la posición finitista, esto no es así, pues es sabido que sin un axioma de infinitud es imposible ``construir'' ni siquiera el conjunto ω, el cual es necesario para definir una noción tan básica como la de secuencia convergente.

Pero la aceptación del axioma de infinitud, junto con otros axiomas tan naturales en teoría de conjuntos como el axioma de las potencias,[40] asegura la existencia de conjuntos infinitos de cualquier cardinalidad, por virtud del teorema de Cantor, según el cual el cardinal de la potencia de un conjunto x es mayor que la del conjunto x. Ahora bien, se podría decir que el universo de los conjuntos ---en el cual se satisfacen los axiomas de cualquier formulación de la teoría de los conjuntos--- es él mismo un ente de razón definido por los mismos axiomas, a la manera en que el concepto de Pegaso está definido por la condición 'x es un caballo y x es alado'. El problema es, como Gödel lo ha señalado, que la descripción del universo de los conjuntos no está agotada—ni puede estarlo—por ningún sistema axiomático consistente:

Si se acepta que el significado de los signos primitivos de la teoría de conjuntos [. . .] es correcto, entonces los conceptos y teoremas de la teoría de conjuntos describirían alguna realidad bien determinada en la cual la conjetura de Cantor debería ser cierta o falsa. [. . .] Por ello su indecidibilidad a partir de los axiomas que hoy día aceptamos sólo puede significar que estos axiomas no entrañan una descripción completa de esta realidad.[41]

Sabemos, por lo demás, que el universo de los conjuntos incluye los números naturales, de modo que el teorema de incompletud de Gödel garantiza que todo conjunto consistente de axiomas para la teoría de este universo es forzosamente incompleto. Ante estos resultados, es imposible seguir sosteniendo que el universo de los conjuntos es una "construcción" del intelecto humano.

Parece más apropiada la actitud del mismo fundador de la teoría de los conjuntos, Georg Cantor, quien estaba convencido de que los conjuntos infinitos tenían existencia "en la mente de Dios",[42] y que el conocimiento que había logrado de los mismos le había sido "revelado" por el mismo Dios. No hay duda que hablar de la "mente de Dios" nos remite a ese tipo de especulación escolástica acerca de la divinidad que ya ha sido rechazada. Sin embargo, en contra del "platonismo" que algunos han querido ver en algunas declaraciones de Godel, podemos decir que toda la evidencia del caso apunta a que tanto éste como Cantor creían en la existencia de un reino de entes matemáticos creado y sostenido por la providencia de Dios. En otras palabras, nos vemos obligados a incluir los conjuntos, y quizá también objetos como los toposes—como entes creados que son—, dentro del objeto de la ontología.

Consideraciones semejantes se pueden hacer con respecto a los espacios geométricos. Así como la incompletud de la aritmética hace inviable concebirlos como entes de razón, la incompletud de los axiomas de la geometría absoluta impide considerar a éstos como tal tipo de ente.

Al reconocer todos los entes anteriores como parte de su objeto, la ontología de la idea de la ley está implícitamente reconociendo—con una profunda actitud antirreduccionista—la múltiple variedad del ser expresada en diferentes aspectos de la experiencia: numérico, espacial, cinemático, físico, biótico, síquico, lógico, histórico, lingual, social, económico, estético, diquético,[43] ético y pístico. La ontología cosmonómica pretende ver todos estos aspectos en su coherencia cósmica y a los entes individuales funcionando en estos aspectos, para determinar de este modo la naturaleza esencial de los mismos, así como sus interrelaciones. Al considerar la naturaleza esencial de los entes y sus interrelaciones, la ontología cosmonómica considera sus propiedades en general y la forma en que éstas propiedades se asocian en un ente. De esta manera, considera lo que la ontología escolástica llamaba 'accidentes' y 'atributos esenciales'. De modo natural caen entonces bajo su consideración, también, todas las formas de causalidad.

Al no haberse admitido hasta aquí ningún concepto de materia (pues definir los conceptos necesarios es, en cualquier caso, tarea de la misma ontología), ni siquiera podemos formular la pregunta de si hay "entes que abstraen de materia según el ser". Sin embargo, está claro que corrientes de inspiración positivista han tendido a poner en cuestión la legitimidad de la ontología como una disciplina distinta de las ciencias especiales. La respuesta a este tipo de tesis antiontologistas es que la ontología sería irrelevante sólo si hubiera un solo aspecto de la experiencia (es decir un sólo tipo de leyes científicas), pues en tal caso la ciencia particular encargada de estudiar ese aspecto sería la "filosofía primera" y no habría otra ciencia necesaria aparte de ella. Sin embargo, esta posición es a todas luces insostenible frente al fracaso de los múltiples programas reduccionistas que nos ha tocado constatar. Así, si bien la ontología de la filosofía de la idea de la ley es una ciencia (*Wissenschaft*) con objeto y método propios, su objeto no es el de ninguna ciencia particular, sino que se ocupa precisamente en elaborar una visión de la unidad de todos los aspectos de la experiencia (cada uno de los cuales es estudiado, a grandes rasgos, por una ciencia). La metodología de la ontología es empírica, pero está regulada por la creencia de que hay un Dios creador trascendente, y de que todo ente distinto de Dios es creado y está funcionando en la coherencia cósmica de los aspectos de la experiencia.

El Lado Ley

Es notable que en la definición suareciana del objeto de la ontología, no aparezca el lado ley de la realidad. Como si no existiera o careciera de realidad. ¿A qué se debe esta omisión?

> Aparentemente sin excepciones, por más de trescientos años los científicos han llamado 'leyes' a las regularidades inteligibles, medibles, predecibles que encuentran en la naturaleza. En contraste, en el siglo trece Tomás de Aquino, seguido por Francisco Suárez en el diecisiete, declaro que el uso de 'ley' para lo inanimado era metafórico; en el quince Lorenzo Valla encontró ridículo hablar de ley con referencia incluso a los animales; y en el dieciséis Pietro Pomponazzi argumentó que, debido a que los eventos naturales no son respuestas a palabras o a persuasión, carece de sentido hablar de 'ley' en la naturaleza. (Ruby 1986: 341)

La idea de una ley que gobierne a los fenómenos es extraña al pensamiento antiguo y medieval. Ello se ve con claridad en el hecho de que tenían dificultades incluso para concebir el ser de las relaciones. Para los escolásticos, los entes corpóreos y sus cualidades eran las realidades fundamentales de la experiencia humana, con lo cual no hacen lugar para las relaciones como las entendemos en la actualidad. La raíz del problema es que hay una tendencia en el pensamiento aristotélico a negar el ser de las relaciones.

Aristóteles admitía que todo accidente es un ser y que toda relación es un accidente, pero conviene recordar la definición aristotélica de accidente: "Accidente se llama aquello que se da en algo [esto es, en *un* ente], y su enunciación es verdadera, pero no, desde luego, necesariamente ni la mayoría de las veces" (*Metafísica* 1025a15). Por lo tanto, la idea de una relación como una especie de puente entre dos o más entes resultaba difícil de digerir. Es por ello que Leibniz mucho después se llegó a preguntar cuál es "el sujeto de ese accidente que los filósofos llaman relación", para concluir que "no puede decirse que ambos, *A* y *B* juntos [Leibniz está discutiendo el ejemplo '*A* es mayor que *B*'], sean el sujeto de ese accidente; pues si así fuese tendríamos un

accidente sobre dos sujetos, con un pie en uno y otro pie en el otro, lo que es contrario al concepto de accidente".[44]

Al no poderse concebir las regularidades como relaciones entre entes, o como relaciones entre propiedades de los entes, las regularidades eran atribuidas a sus esencias; es decir eran vistas como efecto u operación de la naturaleza de la cosa.

Willem J. Ouweneel sostiene que, de hecho,

> fue *debido* a su creencia en el Dios de la Biblia que los grandes pioneros de las ciencias naturales modernas de los siglos XVI y XVII (Nicolás Copérnico, Johannes Kepler, Galileo Galilei, Isaac Newton, Robert Boyle) aprendieron a creer en un orden nómico fijo, o en un orden del mundo. Ésta es la creencia de que todo en el cosmos está sujeto a leyes fijas, y no a los caprichos de dioses y espíritus. Supieron acerca del orden del mundo y acerca de estas leyes fijas porque conocían al *Legislador*, al Dios de la Biblia. (Ouweneel 2021: 27-8)

La idea de un Dios legislador que pone leyes a su creación y gobierna todas las cosas aparece en la Escritura y da un lineamiento al pensamiento filosófico. Por ejemplo, en Jeremías 33:25 se dice explícitamente que Dios ha puesto "las leyes del cielo y la tierra". Esto no se refiere a la ley mosaica, y ni siquiera solamente a la ley llamada "moral", sino a las leyes que rigen los fenómenos naturales. El Salmo 19:1-4 es particularmente elocuente:

> [1] Los cielos cuentan la gloria de Dios,
>> Y el firmamento anuncia la obra de sus manos.
> [2] Un día emite palabra a otro día,
>> Y una noche a otra noche declara sabiduría.
> [3] No hay lenguaje, ni palabras,
>> Ni es oída su voz.
> [4] Por toda la tierra salió su voz,
>> Y hasta el extremo del mundo sus palabras.

Las leyes de la naturaleza junto con las leyes para la vida humana—las normas—están divididas en modalidades de la realidad, las cuales están interrelacionadas formando un entramado. Este entramado—el lado ley de la realidad—es irreducible al ente individual, el cual más bien está sujetado y es gobernado por las leyes que forman ese entramado. Sin embargo, incluso filósofos de la ciencia que han reconocido este entramado tienen dificultades para aceptar su irreducibilidad al ente individual. Por ejemplo, Mario Bunge admite que

> una hipótesis ontológica involucrada en la ciencia moderna y alentada

por ella es que la realidad, tal y como nos es conocida hoy, no es un sólido bloque homogéneo sino que está dividida en varios niveles, o sectores, cada uno caracterizado por un conjunto de propiedades y leyes que le son propias. Los principales niveles reconocidos en la actualidad parecen ser el físico, el biológico, el psicológico, y los socioculturales. Cada uno de estos puede a su vez ser dividido en subniveles. Por ejemplo, los principales subniveles del nivel físico son los niveles físico propiamente dicho y químico, y los principales subniveles del nivel sociocultural son el económico, el social, y los subniveles culturales. Divisiones mas finas pueden ser introducidas y ninguna es rígida ni esta delineada claramente. (Bunge 1967: 293)

Sin embargo, en su *Treatise on Basic Philosophy*, Bunge claramente afirma que *"las leyes son ellas mismas propiedades de las entidades"* (Bunge 1977: 78; énfasis del autor). Ello es natural en un filósofo que se asume materialista, pues el tal no puede concebir un orden nómico que no esté ontológicamente sustentado en los entes materiales. Pero ésta ha sido la tendencia de la filosofía occidental desde siempre. O bien el marco nómico es reducido a la ley moral y platónicamente hipostasiado al rango de *lex aeterna*, o bien es desconocido, o bien es reducido a propiedades de los entes individuales. Lo que quiero señalar es que la tradición escritural judeocristiana sugiere un modo diferente de mirar el objeto de la ontología. Un modo que admite no solamente el ente individual, el lado sujeto, como nos enseñó Suárez (o Bunge, para el caso), sino también el lado ley. El objeto de la ontología incluye tanto al ente individual como a las leyes y normas que gobiernan al ente individual.

Notas Finales

1 *Wijsbegeerte der Wetsidee.* Esta escuela ha sido designada, a veces, 'filosofía de la idea cosmonómica', 'filosofía del marco nómico' o 'filosofía reformacional'. Su principal representante es Herman Dooyeweerd (1900-1976), filósofo neerlandés de inspiración neocalvinista. De manera abreviada, la escuela es designada 'WdW'.

2 Hay traducción al español de los primeros dos volúmenes; véanse las referencias al final.

3 Para mayores detalles, el autor es referido a García de la Sierra (2022), Capítulo 2.

4 Ferrater Mora (1963), p. 37; (1984), t. 3, p. 2422.

5 Ibídem, p. 38; (1984), t. 3, p. 2423.

6 Ibídem, p. 36; (1984), t. 3, p. 2423.

7 DI, SI, §26, TI, p. 130. Esta notación se debe leer así: 'Dn' se refiere al número de disputación, Sn al número de sección, 'S{n}' al número de parágrafo, y 'Tn' al número de tomo de la versión española publicada en siete volúmenes por Gredos (véase la referencia al final).

8 Razón por la cual los pietistas de la Universidad de Halle lo acusaron de "ateísmo" y le exigieron al Príncipe Federico Guillermo I de Prusia, en 1723, que lo expulsase de su cátedra.

9 La metafísica de Wolff se dividía en cuatro ramas: ontología, cosmología, psicología y teología "racionales".

10 Ferrater Mora (1984), t. 3, p. 2424.}

11 En las Disputaciones 29 y 30.

12 Metafísica, 1026a15.

13 DI, SI, §26, TI, p. 230.

14 Ferrater Mora (1963), p. 44; (1984), t. 3, p. 2422.

15 D2, S4, §3, TI, p. 417. Es digno de notarse aquí que si se acepta el principio de plenitud, según el cual todo lo que puede existir realmente llegará eventualmente a hacerlo, entonces el ente como nombre se refiere a lo que alguna vez existirá o ha existido. Sobre este principio, véase Lovejoy (1936).

16 D2, 84, §5, T1, p. 418.

17 D4, 83, §6, T1, p. 517.

18 D4, 83, §6, T1, p. 517.

19 D4, 83, §I4, TI, p. 523.

20 D4, 83, §I4, TI, p. 523.

21 DI, 82, §I2, TI, p. 241.

22 DI, 82, §13, TI, p. 242.

23 DI, 82, §I3, TI, p. 243.

24 Ibídem.

25 Ibídem.

26 23 DI, 81, §I5, TI, p. 221.

27 DI, 82, §I4, TI, p. 244.

28 DI, 82, §I4, TI, p. 244.

[29] DI, 82, §I6, TI, p. 245.

[30] DI, 82 §I5, TI, p. 245.

[31] DI, 82, §I7, TI, p. 246.

[32] Ibídem.

[33] DI, 81, §I4, TI, p. 219.

[34] Institución 1, p. 20.

[35] Ibídem, pp. 23, 24.

[36] D5, 84, §7, TI, pp. 637--638.

[37] D54, SI, §6, T7, pp. 393--394.

[38] D54, S6, §2, T7, p. 447.

[39] Clouser (2004), p. 206.

[40] El axioma de las potencias nos dice que, si x x x es un conjunto, entonces el conjunto de todos los subconjuntos de x x x — la potencia de x x x — también es un conjunto.

[41] Gödel (1981), p. 348. La conjetura de Cantor es que no existe ningún cardinal entre aleph nought (el cardinal del conjunto de los números naturales) y el cardinal del continuo. Recientes investigaciones, como la de Simms (1990), apuntan a que la conjetura es falsa.

[42] *Cfr.* Hedman (1993) y el clásico estudio de Dauben (1979).

[43] Del griego *diké*, que significa ``justicia".

[44] Citado en Simpson (1975: 28).

Referencias

Aristóteles (1994), *Metafísica*. Madrid: Gredos.

Bunge, M. (1977), *Tratise on Basic Philosophy III. Ontology I. The Furniture of the World*. Dordrecht: D. Reidel.

—— (1967), *Scientific Research I. The Search for System*. Berlín: Springer-Verlag.

Calvino, J. (1986), *Institución de la religión cristiana* (2 vols.). Rijswijk: Fundación Editorial de Literatura Reformada.

Clouser, R. A. (2004), *The Myth of Religious Neutrality*. Notre Dame: Notre Dame University Press. Hay traducción al español: *El mito de la neutralidad religiosa. Un ensayo sobre el papel oculto de la creencia religiosa en las teorías* (Niágara: Cántaro Publications, 2022).

García de la Sienra, A. (2022), *La naturaleza de la fe*. (Xalapa: Universidad Veracruzana).

Gilson, E. (1949), *Being and Some Philosophers*. Toronto: Pontifical Institute of Mediaeval Studies.

Dauben, J. W., *Georg Cantor: His Mathematics and Philosophy of the Infinite*, Princeton University Press, Princeton, 1979.

Dooyeweerd, H. (1935-6), *Wijsbegeerte der Wetsidee* (2 vols.). Ámsterdam: H. J Paris.

—— (1985), *A New Critique of Theoretical Thought*, (4 vols.), Paidea Press, Jordan Station [Ontario]. Hay traducciones al español: *Una nueva crítica del pensamiento teórico I. Las presuposiciones necesarias de la filosofía* (Jordan Station: Paideia Press, 2020). *Una nueva crítica del pensamiento teórico II. La teoría general de las esferas modales* (Jordan Station: Paideia Press, 2022).

Ferrater Mora, J. (1963), "On the early History of Ontology", *Philosophy and Phenomenological Research*, vol. 24, no. 1: 36-47.

—— (1984), *Diccionario de filosofía* (4 vols.). Madrid: Alianza Editorial.

Hedman, B. A. (1993), "Cantor's Concept of Infinity: Implications of Infinity for Contingence", *Perspectives on Science and Christian Faith*, vol., 45, no. 1: 8-16.

Lovejoy, A. O. (1936), *The Great Chain of Being*. Cambridge: Harvard University Press.

Ouweneel, W. J. (2021), *Sabiduría para los pensadores*. Jordan Station: Paideia Press.

Ruby, J. E. (1986), "The Origins of Scientific `Law'\thinspace", *Journal of the History of Ideas*, vol. 47, no. 3: 341–359. https://doi.org/10.2307/2709657

Simms, J. C. (1991), "Why the Continuum Hypothesis is False", *Jahrbuch der Kurt Gödel-Gesellschaft 1990*. Viena: nj12-35.

Simpson, T. M. (1975), *Formas lógicas, realidad y significado*. Buenos Aires: Editorial Universitaria de Buenos Aires.

Suárez, F. (1960), *Disputaciones metafísicas* (7 vols.). Madrid: Gredos.

Human Flourishment and the Christian Educational Mandate

by Paul Aurich

Introduction

THE SOCIETAL LURE of secular humanism draws many in our culture to assume and assimilate a dualistic view of reality in their thinking that aims to separate the biblical worldview from human flourishing. This dualistic worldview stems from Greek philosophy, which separates reality into two distinct categories: the upper story and the lower story. The upper story is the realm of subjective ideas and religious belief – religious confessions must not engage with the public sphere, because they are outside the realm of facts, truth, and science. With that said, the lower story is the realm of human activities, which are mainly restricted to this world. Francis Schaeffer gives us a helpful description of this dualistic understanding of reality, terming it "the nature-and-grace tension." He states:

The nature-and-grace tension or problem can be pictured like this: Grace, the higher: God the Creator; heaven and heavenly things; the unseen and its influence on the earth; unity, or universals or absolutes which give existence and morals meaning. Nature, the lower: the created; earth and earthly things; the visible and what happens normally in the cause-and-effect universe; what man as man does on the earth; diversity, or individual things, the particulars, or the individual acts of man.[1]

The commonly held assertion, "keep your religion to yourself," would be one vivid example of our societal draw to keep religious beliefs within the confines of the private sphere. The Christian religion, according to modern humanists, must certainly *not* inform human flourishing since it is a category of the lower story. The proponents of the science and the facts are quite happily to relegate the Christian worldview to the private realm of the upper story, while they base the success of human flourishing on good science and the "fact." The fundamental problem with this two-story division of reality is that the Triune God of Scripture ordered all creation to be in union with His Word revelation. Since the Bible proclaims that all of life is religious, Christian believers need to understand all human flourishing as a creational mandate under and in the context of the supreme Lordship of Christ Jesus. There can be no neutrality in the world that God created.

The Christian's responsibility to take the mantle of leadership in the task of education is thereby very apparent. Human flourishing over the long term predicates the formation of children under the foundation of a Christian life and worldview. The discovery and application of the liberal arts tradition, which consists of piety, governed by theology, language arts and mathematical arts, and philosophy, natural, moral, and the metaphysical, holistically equips pupils with the tools to enable human flourishing.[2] A Christianized approach to the liberal arts, consequently, enables and encourages the fulfillment of the cultural mandate, which is human rule over creation in worshipful submission to God Word. A Christianized philosophy of the Liberal Arts tradition enables flourishing in the truest sense, grounding the worship of the Triune God as the center-point of all culture, whether that be the arts, sciences, politics, law, or education – human dominion over the earth, of which a Christian approach to the liberal arts education facilitates, harmonizes all human activity with the sovereign and transcendent dominion of the Triune God, a far cry from the worldview of the secular humanist.

Human flourishing, in accordance with the logic of secular humanists, can exist independently on the human plain of reality without the influence of God's Word: it is by the definition of secular humanists, a neutral category. But, as mentioned, this understanding of human flourishing is a far cry from the biblical perspective, which unifies all creation under the transcendent authority of God's Word revelation. Secular humanist are quite happy to talk about human flourishing, so long as Christ and his Kingdom remain within the parameters of personal opinion and belief. Sadly, publically funded schools operate under a secular humanistic assumption, insisting that Christian belief and practice must be limited to private belief, the upper story; while school administers and teachers hail empirical science as the final determination of a truth claim. Consequently, many in our society, and sadly the church, regard vocations, such as farming, education, politics, and law as neutral – a religious outlook is not welcome in these areas of human flourishing because they are what some deem as "irreligious." From the vantage-point of a distinctly Christian worldview, though, all forms of human flourishing are interconnected with God and his Word *because human flourishing takes place in God's world.* In fact, nothing in creation can flourish or even exist apart from the overriding authority of God's word Revelation.

Contrasting the secular impulse to separate the Christian religion from reality, the prominent presupposition of human flourishing from a distinctly Christian perspective is that God is the inventor and first principle of human culture, which, on a human scale, can neither exist nor thrive, apart from the overriding influence and authority of God's Word revelation. Consequently, in the Garden of Eden, obedience to God's Word and human flourishing were to go hand in hand in keeping with the cultural mandate, where God put Adam in the garden of

Eden "to tend and keep it" (Gen. 2:15). The educational priority of the Christian Church demands heartfelt obedience within the spheres of formation – "Train up a child in the way he should go; even when he is old he will not depart from it" (Prov. 22:6, *ESV)*. Education, as it relates to a distinctly Christian perspective, is the recipe for human flourishing. The Christian, who is consistently in line with a biblical worldview, would, thereby affirm that human flourishing begins with the Creator-creation distinction. The Christian would confess that the world and everything in it belongs to God, because He, by His word, not only created all things, but also sustains all things (Jn. 1:1-3, Col. 1: 15-17). Man, being the pinnacle of creation and God's image divine bearer is to direct his entire being, worshipfully living and serving the Triune God, submitting to His word in every respect, knowing that human beings are not autonomous beings (Acts 17:28).

The secular humanist, in contrast, by rejecting the centrality of God's word over creation, would most certainly scoff at this theocentric understanding of human flourishing as it relates to education, offering an alternative that pits the autonomous self as the measure of human flourishing. Take, by way of example, the definition of human flourishing given by The National League of Nursing, which asserts:

> Human flourishing is defined as an effort to achieve self-actualization and fulfillment within the context of a larger community of individuals, each with the right to pursue his or her such efforts. It encompasses the uniqueness, dignity, diversity, freedom, happiness, and holistic well-being of the individual within the larger family, community, and population. Achieving human flourishing is a life-long existential journey of hopes, achievements, regrets, losses, illness, suffering, and coping.[3]

This definition of human flourishing, being quite typical of a humanistic mindset, highlights one assumption that attempts to centralize the autonomous individual as the center point of human flourishing — a clear departure from the biblical worldview, which proclaims the subjection of all creation under the governing authority of the Triune God and His Word. In the omission of a biblical outlook on life, this assumption stresses the irrelevance of Christianity when it comes to human flourishing in the public arena. Human flourishing is the goal of the individual, who cherishes above all else the achievement of self-actualization and fulfillment. The National League

of Nursing, then, goes on to insist that human flourishing takes place within the larger community of individuals, also without any anchored reference to God and His Word. The achievement of human flourishing, according to The National League of Nursing, occurs when autonomous individuals pursue their own definition of human flourishing within the broader context of a community of autonomous individuals. Autonomy, however, cannot exist in God's world because His Word supersedes the created order — the main problem with The National League of Nursing's understanding of human flourishing is that autonomy cannot exist within God's created order because He has ordered everything in creation to subscribe to His Word, and human beings, His divine image bearers, are no exception to this divine mandate. In fact, human autonomy, contrasting the popular options of the modern West, hinders the progress of human flourishing.

The Christian believer would, therefore, benefit from thoughtfully pondering the question: What does the biblical perspective teach us about human flourishing in the context of God's created order? The answer to this question is that the Triune God, according to the biblical perspective, governs all creation by

His Word, informing us of creation's total dependence on His revelation, and the overall direction of redemptive history.

Nothing in creation can, in fact, autonomously exist or function apart from the governance of God's Word. In fact, the authority of God's Word, as Cornelius Van Til observes, extends to every area of creation to the point where human beings cannot have an accurate understanding of the created world apart from the foundation of God's Word. Van Til writes:

> The Bible is thought of as authoritative on everything of which it speaks. Moreover, it speaks of everything. We do not mean that it speaks of football games, of atoms, etc., directly, but we do mean that it speaks of everything either directly or by implication. It not only tells us of the Christ and his work, but also tells us who God is and where the universe about us has come from. It tells us a philosophy of history as well as history. Moreover, the information on these subjects is woven into an inextricable whole. It is only if you reject the Bible as the Word of God that you can separate the so-called religious and moral instruction of the Bible from what it says, e.g., about the physical universe.
>
> This view of Scripture, therefore, involves the idea that there is nothing in the universe on which human beings can have full and true information unless they take the Bible into account. We do not mean, of course, that one must go to the Bible rather than to the laboratory if one wishes to study the anatomy of the snake. But if one goes only to and not also to the Bible, one will not have a full or even true interpretation of the snake. Apologetics must therefore take an assigned place in the curriculum of an orthodox seminary.[4]

Van Til's remarks inform us on the need for a grounded understanding of God's Word that encompasses all reality, teaching us that the scope of God's revelation directs and governs an informed understanding of the created universe. We cannot, by way of example, fully grasp language and mathematics, if God's Word is absent from the discussion. Secular humanists and Christian believers can superficially agree that $9 \times 8 = 72$, but secular humanists stray into obscurity in the metaphysical reasoning and direction behind this equation. The origin of the universe, according to the pagan outlook of secular humanists, does not come from an infinite uncreated being. Matter, being uncreated and eternal, stems from chaos, having no uniformity or reason to exist. So secular humanists with the rest of the pagan world can certainly affirm and verify that 9 x 8 = 72, but they are unable to provide a grounded reason for why this equation makes reasonable sense. The Christian, in confessing a worldview that is grounded on God's Word, would answer that 9 x 8 = 72 because God, by His Word, wisely created a predicable (predication = making sense of) world, governed by the laws that He established by His creational Word. The Christian believer can, therefore, provide a reasoned explanation for the fact that 9 x 8 = 72 because of the universal scope of God's Word.

This, therefore, requires Christian believers to adopt a granular confession of God's Word, understanding that His Revelation is not just Scriptural, but it is also creational, as well as, incarnational. We know from the pages of Scripture that God, by His creational word, spoke all things into existence from nothing (as we will revisit later on) through the mediation Jesus Christ, the incarnate Word. The natural world is in perfect harmony with the Word of God, since God Himself is the source of all that exists in the natural world. Human flourishing, stemming from a secular direction, is, thereby, rendered impossible, since any departure from God's Word, not only goes against

nature, but also leads to the total ruin of culture as a whole, reminding us of the impossibility of human autonomy in God's world. At this point though, to help us further our discussion, we need to grasp what human flourishing actually is from a biblical perspective.

What is Human Flourishing from a Biblical Perspective as it relates to the Keeping of God's Word?

Human flourishing is the fulfillment of man's creational mission to have dominion over the Earth in keeping with God's revealed Word, understanding that the world and everything in it belongs to the Triune God. The Earth and everything in it, in other words, does not belong to human beings: as divine image bearers, we are called stewards of all that God created. The covenantal dimension of human flourishing is thereby without dispute: man's work and vocation is to be carried in such a way, paying worshipful homage to the Triune God.

Adam's creational task was to extend Eden to the ends of the Earth as God's prophet, priest, and king. He was to perfectly obey the Word of God, he was to function as a priest over creation, utilizing the earth's resources for the good of man, and he was to function as God's vice-regents over the Earth, mirroring God's wise governance of the universe in worshipful homage to Him. As God's vice-regent, Adam, in his vocational calling, was to cherish a vertical relationship with the Triune God in cultivating creation in ways that would reflect God's wisdom over creation. Just as God, by way of example, exercised His moral authority over creation by naming the heavens and the Earth, Adam, reflecting God's authority over creation, was given the task to name the animals.

Adam's moral disobedience was characterized in his failure to exercise dominion over the Earth as God had commanded; failing to expel the serpent from the garden, he allowed Satan to lead Eve in a direction that violated God's Word, subjecting creation to futility, corruption, and death. But hope remained in the second Adam, the seed of the woman (Gen 3:15) who would perfectly obey the Word of God, ensuing the continuance of human flourishing, giving reason for human flourishing in the present.

Unlike Adam, Christ Jesus obeyed His Father as the perfect prophet, priest, and king. He kept and proclaimed the Word of God, He stood in the place of the redeemed as their great high priest, and He exercised His kingship by advancing His church throughout the nations by the regenerating work of the Holy Spirit, putting His enemies under His feet, the last which will be death. Human flourishing has, consequently, remained a creational structure and, since the fall, because Christ is restoring creation back to what it was in Eden with the exception that He, as opposed to Adam, would be the head of the new humanity, called out from among the nations. The purpose of human flourishing in the present is meant to proclaim the Gospel of the Kingdom, harkening back to Jesus Christ, who cherished the fulfillment of His Father's Word and will.

The Dominance of God's Word over Creation

Genesis 1-3 teaches us that all creation in all its diversity, is in every respect subject to the Triune God and His Word by virtue of the fact that He alone is the Creator of all things. This understanding of God's world, as it specifically relates to human flourishing, informs us on two implications on what it means to have dominion over God's creation as his vice-regents. *First of all*, we learn that, like all areas of creation, the establishment and determination of culture is not subject to human autonomy. *Secondly*, human flourishing, as with all creation, is subject to the authority of God's revealed Word. In other words, human flourishing, according to Genesis 1 and 2, reveals to us what we are, and what we are not — we are the vice-regents of the Triune God, tasked to exercise dominion over the Earth under God's authority, worshipfully in obedience to his law-Word — we are not autonomous beings, governed by "self"-law. But before we can gain a foundational understanding of these implications, we first need to understand two prominent themes in the creation narrative, *ex nihilo* and the *wisdom of God, evidenced in creation.*

Ex Nihilo

The Latin term, *Ex Nihilo*, highlights that the origin of all things in creation stems from the mind of God. The English translation is rendered *"out of nothing."* The Triune God, being the Creator of all things, thereby pattered the world and everything in it after the revelation of His Word. C.S. Lewis beautifully captures what *ex nihilo* might have looked in the creation narrative in the vivid perspective of Polly, one of the main characters in the book. Lewis describes Aslan, the great Lion, creating Narnia in all its variety by singing it into existence. Lewis describes Polly's perspective in this way:

Polly was finding the song more and more interesting because she thought she was beginning to see the connection between the music and the things that were happening. When a line of dark firs sprang up on a ridge about a hundred yards away, she felt they were connected with a series of deep, prolonged notes which the Lion had sung a second before. And when he burst into a rapid series of lighter notes she was not surprised to see primroses suddenly appearing in every direction. Thus, with an unspeakable thrill, *she felt quite certain that all things were coming (as she said) "out of the Lion's head".*[5]

Lewis' description of Narnia's creation from Aslan's song is a vivid illustration of the creation of this world: the Lord God created everything in creation by the inspiration of His Word, once again grounding the unique Christian confession of the Creator-creation distinction, stressing that no aspect of being can exist apart from God's sovereign will and purpose. This stands in direct contrast to all forms of paganism, which believes that matter is uncreated, coming from the impersonal force of chaos. *God creating from nothing* is, thereby, the foundational answer to all being, predicating the reality that everything that exists rests upon the foundation of God's creational Word: being is exclusively the product of God's spoken word.

The recurring statement, וַיֹּאמֶר יְהִי םיָהֱלֹא ("And God said, let there be...") reveals to us the intricate relationship between God's Word and creation. Initially, this statement explains that God created the light (רוֹא) from nothing (verse 3). As the creation narrative progresses, Moses, then, repeats this statement again at the opening of verse 6 and also applies it to "the expanse in the midst of the waters" (םיִמָה דְוֹתְב_עיִקָר), and "the lights in midst of the firmaments of the heavens" (םיַמָשַּׁה_עיִקָרְב תֹראֹמְ). The refrain at the close of verse 3 captures a repetitive theme that Moses revisits throughout the creation narrative: "and there was light" (יְהִי־ רוֹא:). Light, as every other part of creation derives its existence upon the Word of God. The Christian philosophy of being, which consistently rests on a biblical worldview, hinges on the Creator-creation distinction, that is to say, that the Triune God of Scripture is the source and origin of created reality: light, as with the rest of creation, exists simply because God spoke it into existence. In other wards, creation exists by virtue of the fact that God spoke it into existence by the wisdom of his Word.

The Apostle John, harkening back to the creation narrative, identities Jesus Christ, the mediator of creation as the incarnational Word (λόγος). This Word, already having been discussed at the outset of John's Gospel (v. 1:1-4), expresses, in contrast to Greek philosophy and modern forms of secular humanism, personification. This is a critical distinction that Christians must recognize because of the stark contrast between the Christian philosophical understanding of the *Logos* and the Greek or humanistic philosophical understanding of the *Logos*. The *Logos*, according to the Stoics, is reason. Here we witness the stark contrast between the Christian understanding of the *Logos* and the *Logos* as the Stoics tried to understand it — Christians confessed that the *Logos* is incarnational, the personified manifestation of Jesus Christ. The Stoics, on the other hand, believed that the *Logos* is reason, impersonal and uncreated. The Apostle John, however, employs the term *Logos* to express both Christ's pre-existence, authorship, and sovereign Lordship of His created universe. Consequently, the philosophical marker that distinguishes Christianity of Greek philosophy is the origin of authority — the Apostle John employed the term *Logos* to highlight Christ's ultimate authority over the created order, which includes reason, since He alone is the embodiment of all wisdom and knowledge — the Stoics, with modern secular humanists, unwittingly absolutize reason, which they deem as an uncreated and impersonal force, and to be the origin of all things.

The Apostle John's understanding of the *Logos* is inescapably personal, relating all things in the created order to the total sovereignty of Jesus Christ, the Lord of all knowledge and wisdom. This clear distinction between the Stoic understanding of the *Logos* and John's confession is that the Word is the personified wisdom of Jesus Christ. Christ is qualified to be the mediator of His church, since He is the *Logos*, the eternal Word, pre-existent before the foundation of world, the creator and sustainer of all things. This, indeed, poses an extensional problem for the Stoic philosophers and the modern humanists who followed in their wake: reason is appealed to as a absolutized construct, which, apart from the human consensus, can provide a grounded understanding of reason. Obviously, the Stoics did not appeal to the Creator-creation distinction, so the direction of Stoic philosophy will always lead to ambiguity, since the *Logos* is essentially impersonal — man, consequently, is the sole interpreter of reason, but no one outside of the sphere of human existence can

verify, if reason, interpreted by humans, is truly reasonable. The Christian confession of the personified *Logos*, Jesus Christ, who created and governs all creation, gives the foundational and coherent answer that the Stoics and the secular humanists do not. The Christian understanding of the *Logos* demands that man looks outside of himself to find a transcendent understanding of reason from the Triune God of Scripture. Stoics and modern humanists arbitrarily attempt to ground the reasonableness of reason in autonomous man, which ultimately leads to reductionism, because a coherent understanding of unity cannot be achieved apart from the *Logos*, who created all things and orders all things by his Word. The humanists and Stoics run into the same epistemological problem — man cannot appeal to a transcendent understanding of truth and error by appealing to reason apart from the Triune God. H. Evan Runner, in speaking of Stoicism, articulately identifies this problem:

The Greek assumption that the being of reality was all of one piece could not be harmonized with the phenomenon of error. From this condition there developed many insoluble problems. The inability to achieve unity in either metaphysics or epistemology was due to the fact that they had no God over all who had created the various aspects of our experience for each other.[6]

The Wisdom of God in Creation

Genesis 1 also teaches us that God, in establishing being, also wisely created an ordered and predictable universe. This, of course, contrasts the pagan outlook, which sees the world and reality as being in a constant state of flux, stemming from uncreated chaos. Genesis 1 thereby grounds an understanding and outlook of the created order that is both reasonable and coherent: that is to say, God ordered the different parts of creation to fulfill a particular purpose, fitting with the establishment of being. The lights in the firmaments, which God created on the fourth day, were given the set purpose to mark time: days, months, and seasons. From this example alone we can clearly observe the predictability of seasons in keeping with the real world. In keeping with Genesis 1:14, the season of summer is determined by the Earth's rotary position in relationship with the sun — eg. "the lights in the firmaments as signs for the seasons." By this particular creational norm, a farmer's activity rests on the predictability of creation that God has wisely established. The lights in the firmaments tells the farmer to harvest in the fall and plant in the spring. The farmer's activities, and livelihood, thereby, rest upon God's wisdom in ordering the stars in their proper place. Of course, this is just one of many examples, highlighting that God wisely created an ordered and predicated world.

The sequence of creation also speaks to his wisdom in creation: verses 1:1-8 record God's creation of the heaven and the Earth, which were between days 1 and 4; verses 20-23 records that God created the birds and the creatures of the sea (the fifth day); verses 24-31 record the creation of the creatures of the earth, and man, who would have dominion over the Earth as God's vice-regents (the sixth day); and Genesis 2:1-4 records that God rested from all His work after declaring creation's completion as "very good." Genesis 1, thus, describes the transcendence of God's creational Word over the entirety of creation, which clearly grounds humans flourishing in context of man's vertical relationship with the Triune God, the author of creation.

The Impossibility of Human Autonomy

The transcendence of God's Word over all creation does not, therefore, permit any part of creation to operate autonomously, that is, to function as though God's Word does not have direct bearing on parts of reality. As already stated, modern secularists and many within the Church unwittingly maintain a dualistic position on reality, where there is an insistence upon an upper story and lower story view of reality — the upper story restricts matters of faith and religion to the private sphere of the individual, while the lower story, the sphere of morality, facts, empirical science, morality, and vocation all reside in the lower story (the public square). This dualistic understanding of reality, shared by modern secularists and modern Christians, thereby relates human flourishing to the lower story, assuming that the Christian life and worldview has little relevance to the matter of vocation and work. But Christian believers must understand that human flourishing, being a creational norm, is not to be regarded as a neutral and unreligious category of reality, which God's Word must not inform. Human flourishing, because all of life is religious, is the precursor and actualization of redemption, and so, Christians, of all people, must take the lead and cherish the harmony that exists between human flourishing and God's revealed Word. Critical of this upper and lower story view of reality, Nancy Pearcy observes: "The sacred/secular dualism isolates God's truth in the upstairs, away from the ordinary world—which implicitly denies God's power to *redeem* the ordinary world."[7]

People, within the secularized West erroneously claim that they have the liberty to practice their "personalized" faith provided that the Christian worldview does not inform or intersect with the public spheres of society. This idea rests on the problematic and commonly held assumption that factual information solely rests on empirical science, which is interpreted by the "experts," the cultural elitists of our day — the biblical perspective on human flourishing is flatly rejected for a claim of "objectivity" rooted in impersonal causes, gutting themselves from any appeal to foundational knowledge, which could, at least, provide a sound reason for legitimizing the secular view of human autonomy.

Democrat governor of the state of New York, Andrew Cuomo, when recently addressing the lower COVID-19 infections in his jurisdiction, boasted, "The number is down because we brought the number down." He went on to claim, "God did not do that. Faith did not do that. Destiny did not do that."[8] Cuomo, in making such a bold statement as this, unwittingly exalts human autonomy, while refusing to acknowledge the transcendent authority that God's Word has even over COVID-19. God's Word, contrary to Cuomo's opinion, governs all things in creation. Cuomo, here, is making the same mistake as Nebuchadnezzar, who recklessly boasted in his own autonomy, boasting "Is not this the great Babylon I have built as the royal residence, by my mighty power and for the glory of my majesty?" (Dan 4:30). The LORD, in addressing Nebuchadnezzar's unhindered boasting in his own autonomy, immediately took his Kingdom away from him. Without submission to the oversight of God's Word revelation, human thriving is impossible, since God's design for creation is worshipful submission to his law-Word.[9] Jesse Njoka articulately identifies the link between the impossibility of human flourishing and cultural direction that willfully departs from God's law-Word, stating,

> When God's people live within the terms of God's Covenant in the Old and New Testaments, God blesses the land to produce abundantly for man's needs, but when he violates the terms of the covenant, the ground or land and the produce are cursed as result of man's sins.[10]

Secularists, in maintaining that human beings can thrive apart from the influences of God's Word, show themselves to be covenant breakers, having much in common with Eve, who permitted the serpent to lead her in thinking that human beings could determine right and wrong apart from the direction of God and his Word revelation. A biblical worldview, consistently and universally grounded upon the inerrant authority of God's word, is the key to confronting the humanistic philosophy behind human autonomy, while celebrating human flourishing, which is the God-given task of the cultural mandate.

Obedience to the Word of God as the Creational Precursor to Human Flourishing

As mentioned earlier, human flourishing, as with all creation, is subject to the authority of God's revealed Word. In terms of human flourishing and the human task of vocation, the cultural mandate must be worshipful service, rendered to the King of kings in keeping with his law-Word. This is primarily what it means to be a Christian. In Genesis 1:26, God reveals man's purpose as creation's prophet, priest, and king: "let them have dominion over the fish of the sea and over the bird of the heavens and over the livestock and over all the earth and over every creeping thing that creeps on the earth." Genesis 2 then develops the nature of man's dominion on the earth under the authority of God's revealed Word. God established the cultural parameters for human flourishing, understanding that Adam would steward and expand the garden of Eden to the ends of the Earth as a covenant keeper, recognizing that the world and everything in it belongs to God. In Genesis 2:8, after He formed and made man a living creature (1:7), "The Lord God planted a garden in Eden in the east and there he put the man whom he had formed." Contrasting Rousseau, who maintained that, "the most ancient of all societies, and the only one that is natural is the family," the Christian worldview asserts that the most ancient of all societies is the Godhead, and the Trinity harmoniously established not only the cosmos, but also the cultural setting where humans would flourish: God was the original gardener, and he put Adam in the garden "to work it and keep it," extending Eden to the ends of the Earth as God's vice-regent over creation. Unlike Greek dualism, the creation account does not restrict matters of faith to the private sphere: the Word of God also commanded Adam's obedience in his vocation of working and keeping the garden of Eden. The cultural task of human flourishing, therefore, must prioritize a worshipful obedience to God's law-Word in every aspect of life.

Human Autonomy Hinders Human Flourishing

The serpent's argument, associated with the fall, deceived Eve and Adam into thinking that human beings could autonomously flourish independent from the oversight of God's Word revelation. Eve, with Adam following suit, allowed themselves to be led into the serpent's deception, believing that the human person could independently determine the natures of goodness and evil without first appealing to the revelation of God. Everyone born of Adam, also sharing in his fallen nature, now have the inclination to believe that human societies can thrive, while God's Word revelation takes a backseat to human ingenuity. But the doctrine of the fall, in conjunction with the doctrine of creation, teaches us that human flourishing cannot exist in the absence of biblical obedience. The account of the fall, for example, chronicles the cultural ruin that befell our first parents as the result of their moral departure from covenant obedience: Eve would suffer pain in childbearing, and Adam would suffer toil as he worked the ground. Consistent with the account of the fall in Genesis 3, biblical history offers several examples of the social devastation that comes with deviating from the Word of God for human autonomy.

Deuteronomy 4:1-2, being one of several examples, conditions human flourishing in the Promised Land upon covenant obedience. In preparing the Israelites to enter the Promised Land, under Joshua's leadership after the forty-year exile in the wilderness, the LORD, through Moses, says:

> And now, O Israel, listen to the statutes and the rules that I am teaching you, and do them, that you may live, and go in and take possession of the land that the LORD, the God of your father, is giving you. You shall not add to the word that I commanded you, nor take from it, that you may keep the commandments of the LORD your God that I commanded you.

Israel's success in the land was conditioned on obedience to the Word of God. Taking possession of the land, given by the LORD, was contingent upon listening to the statutes and rules, issued by the LORD. If the people remained faithful to the covenant, worshipping the LORD alone, keeping His commandments, not adding nor subtracting from them, then the Israelites would thrive in the land as a witness to the nations. Here we witness an interconnection between thriving in the land and obedience to God's Word. There was no dualism between nature and grace. The commandments of the LORD were to govern all forms of law, moral, civil, and ceremonial. However, no Israelite apart from the LORD Jesus Christ, ever obeyed this covenantal stipulation.

The book of Judges, for example, revisiting the same theme of obedience and flourishing in the land of Canaan, states repeatedly: "In those days there was no king in Israel. Everyone did what was right in his own eyes" (Judges 17:6, 21:25). The Israelites, on several occasions throughout the book of Judges, departed from the Word of God for self-law. Their human autonomy, which the Israelites defaulted to because they had rejected the Lord who was their king, resulted in defeat and cultural ruin. But God, on several occasions throughout this difficult period of their history, raised Judges in calling the people back to covenant faithfulness, who would deliver them from the pagan nations who still occupied Canaan.

This, indeed, harkens us back to Genesis 3:15, which proclaims "I will put enmity between you and the woman, and between your offspring and her offspring; he shall bruise your head, and you shall bruise his heel," where a deliverer, greater than the judges was promised, who's lawful and proprietary obedience ensured worshipful obedience of God's Word in the private spheres and the public spheres by the power of the Holy Spirit. The perfect obedience of Jesus Christ, the second Adam, thereby, ensures human flourishing, not only in this age but also in the age to come.

Human Flourishing is Indicative of Redemption

The restoration of creation, thereby, stems from the obedience of Jesus Christ, who is not only the God-man, or second Adam, but the mediator of all creation. Human flourishing, consequently, rests on the righteousness of Christ, imputed on His covenant people. If Jesus Christ perfectly fulfilled the law and the prophets, then the creational norm of human flourishing, in the church age into eternity, is contingent upon all that He did to fulfill His Father's will as the second Adam. Human flourishing is a blessing that Christians must worshipfully enjoy in the present because Christ's redemption not only rescues the Christian believer from judgement, important as that is, but He is also retiring creation from the curse subjected on creation because of Adam's disobedience. Adam's disobedience, which was imputed to all who were born in him, subjected creation to futility, corruption, and death. Christ's obedience, however, secured the restoration of creation for the new humanity in Christ, who are regenerated by the Holy Spirit for works of service, rendered to God in worship.

The Redemptive priority of Genesis 3 reminds us that even though the ground is cursed, due to Adam's disobedience, the creational norms, tied with human flourishing, will continue as the evidence of creation's restoration in Christ. The consistency of the work that we enjoy in this life, whether that be plumbing, teaching, or gardening, is a vivid reminder of God's faithfulness to his Word — just as the seven day creation narrative teaches us that the natural world is subject to the revelation of God's Word revelation, so too, the new creation, currently being built in Christ through the regeneration of the saints, is seeing and will see an even greater manifestation of the relationship between God's Word and creation. The present reality that human flourishing remains a creational constant, even in a fallen world, tells us that the gospel of the Kingdom is advancing. Christians, of all people, therefore, need to be the ones who are leaders in human flourishing, viewing the structures of work and vocation as a missional enterprise, understanding that no dualism between the advancement of Christ's kingdom and the activities of the public sphere exists. Human beings thrive in God's world, and so must pay worshipful homage to the King of Kings, who, by His perfect obedience in purchasing the redeemed, secured the present state of things, so that even unbelievers are able to temporarily enjoy the benefits of Christ's purchase. Wayne Kobes writes,

In Genesis three, surrounded by words of judgement, the promises take shape—there will be pain in childbirth, but children will be born, life will continue. Cursed is the ground because of you, Adam—through painful toil you will eat of it all the days of your life—but you will eat and live! From the beginning God makes clear that Satan, the usurper, the would-be ruler of God's creation, would not prevail. And throughout history—the history of redemption—the fullness of those promises comes to be seen. The creator God, full of mercy and compassion, forever to his covenant promises, works out the redemption, the restoration of his fallen creation. This is the consistent message of the Scriptures. Salvation is not deliverance from this physical creation God has placed us in, a flight from this world or from bodily existence. Rather, salvation involves the redemption of the whole person and the whole world to which we belong.[11]

The gospel of Christ, evidently, involves significantly more than just the saving of souls from divine judgement (though this is an important part of gospel proclamation), it enables the redeemed in Christ to have dominion over the Earth as God intended in the Garden of Eden: the cultivation of human civilization in harmonious accord with God's Word revelation. Lamech, the father of Noah, stated in faith, believing the truth of God's promised Word, that the seed of the woman would restore all creation from corruption with the redemption of the saints, when he said, "when Lamech had lived 182 years, he fathered a son and called his name Noah, saying, 'Out of the ground that the LORD has cursed, this one shall bring us relief from our work and from the painful toil of our hands'" (Gen 5:29). Here we see a correlation between human flourishing and the redemption that would be secured and accomplished by God's incarnate word, Jesus Christ. Human flourishing, as has already been mentioned, rests upon covenant obedience to the Word of God, and Christ, in pleasing the Father by His obedient life and substitutionary death, ensured that human flourishing would continue as a creational norm throughout redemptive history into eternity. The covenant that the LORD made with Noah after the flood, when he, his family, and the animals exited the ark, highlighted the continuity of times and seasons for the purpose of human flourishing. Moses records:

> Then Noah built an altar to the LORD and took some of every clean animal and some of every clean bird and offered burnt offerings on the altar. And when the LORD smelled the pleasing aroma, the LORD said in his heart, "I will never again curse the ground because of man, for the intention of man's heart is evil from his youth. Neither will I ever again strike down every living creature as I have done. While the earth remains, seedtime and harvest, cold and heat, summer and winter, day and night, shall not cease" (Gen. 8:20-22).

As this text explains, the continuity of human flourishing as a creation norm rested on the Lord's pleasure in Noah's burnt offering, which served as a type of Christ in the anticipated preparation of the antitype, Christ's "single offering," which perfected for all time those who are being sanctified" (Heb 10:14). Human flourishing is, thereby, interconnected with the redemption of Jesus Christ because He is the second Adam, who not only perfectly obeyed the covenant, but He also suffered and died, a true appeasing sacrifice in the place of the redeemed. Human flourishing in this age, and the age to come, consequently rests on Christ's obedience to the Word of God as He righteously fulfilled the cultural mandate of dominion by fully obeying the Word of God in securing a redeemed people of His own.

Human Flourishing and the Restoration of Creation

The biblical perspective on creation's restoration guarantees human flourishing in the present because creation is good, and will, thereby, be restored in Christ Jesus at the consummation of His Kingdom. Jesus promises in Revelation 21:5, "Behold, I am making all things new," meaning that human flourishing with the rest God's good creation will be restored in perfection. The Apostle Paul, when writing to the church in Ephesus, states:

> In him we have redemption through his blood, the forgiveness of our trespasses, according to the riches of his grace, which he lavished upon us, in all wisdom and insight making

known to us the mystery of his will, according to his purpose, which he set forth in Christ as a plan for the fullness of time, to unite all things in him, things in heaven and things on earth (Eph. 1:7-10).

The mystery of His will is the incremental revelation of God's set purpose to unite all things in the heavens and the earth in Christ. The redemption that Christ secured through His blood, therefore, has cosmic ramifications that informs the present reality of human flourishing. If all things in the heavens and the earth will be united in Christ at the age to come, then Christian believers have a vivid hope in the reality of human flourishing in the world to come. Human flourishing will be nothing but fruitful in the new heavens and the new earth because Christ, as opposed to Adam, is our head, grounding the Christianized activity of human flourishing in the present. When Christians seek to worshipfully fulfill the cultural mandate of Genesis 2:15, they are doing so in anticipation of the union of all things in Christ. Christians, thus, do farming in the present state, while suffering under the curse, because of the assurance that farming will be a reality in the new heavens and the new earth; except the burden of the curse will no longer be a hindrance to

farmers. Christians enjoy and engage in the work of human flourishing in the present as an evangelistic witness, that the Kingdom of God is a present reality, awaiting in anticipation, its full disclosure at Christ's return. The fruitfulness of human flourishing, which accords with the creational, scriptural, and incarnational Word of God in the present state of things is a precursor to human flourishing in the consummation of creation, which will vividly resemble Eden in its focus and direction, where the work of the new humanity will be a worshipful expression of dominion, harmonized with God's revealed Word for the created order. Herman Dooyeweerd writes:

> The Divine Word, whom the Gospel of John declares to have created all things, was made flesh in Christ Jesus. Thus the Word entered into both the root and the temporal ramifications, into the soul and body, of human nature. Just for this reason the redemption accomplished by the Word is a radical one. It was the regeneration of man and thereby of the entire created temporal cosmos, which had been religiously concentrated in man. In his creative Word, through whom all things have been made and who has become flesh in the person of the Redeemer, God also preserves the fallen cosmos through his common grace (*gratia*

communis) until the coming of the final judgement. At that time, the redeemed creation will be freed from its participation in the sinful root of human nature and will be allowed to shine in a higher perfection. Then the righteousness of God will radiate even through Satan and his Kingdom in confirmation of the absolute sovereignty of the Creator.[12]

Dooyeweerd observes a vivid connection between Christ's accomplishment of redemption, the temporal reality of common grace (which includes human flourishing), and the creation's freedom from the bondage brought on by sin. The new creation, in keeping with the cultural mandate, will therefore enjoy the creational structures that we enjoy now. Farming, art, craftsmanship, etc., will remain as creational structures in the new heavens and the new earth, because they, being parts of God's good creation, will be included in the union of all things in Christ. Creation's restoration will come with the new humanity's redemption in Christ, enabling human flourishing as God intended in the Garden of Eden.

Conclusion

In conclusion, human flourishing rests upon obedience to God's Word in accordance with His will. This di-rectly contrasts secular humanists, who insist that the individual pursuits of autonomous individuals lead to human flourishing. People, living in God's world, cannot expect to see thriving societies while culture habitually steers in in an apostate direction, away from obedience to God's Word. History has taught us, time and time again, that cultural ruin is the inevitable result of a willful departure from God's Word, since God has ordered all creation to ascribe to the obedience of God's Word, and the conditions for human thriving are certainly no exception to this creational norm. The scriptural perspective asserts that communities thrive when Christian believers, desiring to live in Covenant with the Triune God, seek to obey God's Word. God put Adam in the garden to keep it, and to exercise dominion over the Earth as he lived in perfect harmony with God's Word Revelation. Adam's moral revolt against God's Word did subject creation to the corruption of the curse, brought on creation by his failure to have dominion over the earth in keeping God's word, yet human flourishing remained a creational constant solely because Jesus Christ took on flesh as the second Adam. Human flourishing will remain a creational norm until the resurrection, because the perfection of

Christ's obedience secured the structure of human flourishing, so when Christians work with excellence in their respective vocations, they are demonstrating the immediate presence of the Kingdom through their good works and their love of neighbour.

End Notes

1 Francis H. Schaffer, *How Should We Then Live: The Rise and Decline of Western Thought and Culture* (Wheaton, Il: Crossway, 1976), 55.

2 The source of this understanding of the Liberal Arts tradition comes from, Kevin Clark and Ravi Scott Jain, *The Liberal Arts Tradition: A Philosophy of Christian Classical Education,* (Camp Hill, PA: Classical Academic Press, 2013).

3 See "Practical/Vocational Program Outcome: Human Flourishing", *National League for Nursing,* Accessed May 2022, https://www.nln.org/docs/default-source/uploadedfiles/default-document-library/human-flourishing-final.pdf?sfvrsn=90c6df0d_0

4 Cornelius Van Til, *Christian Apologetics: Second Edition* ed. William Edgar (Phillipsburg, NJ: P&R Publishing, 2003), 19-20.

5 CS Lewis, *The Magician's Nephew,* (New York: NY: Harper Collins, 1955), 126.

6 H. Evan Runner, "Stoicism: The Porch To Christianity?" in *Walking in the Way of the Word: The Collected Writings of H. Evan Runner,* ed. Kerry John Hollingsworth (Grand Rapids, MI: Paideia Press, 2016), 86.

7 Nancy Pearcy, *Saving Leonardo: A Call to Resist the Secular Assault on Mind, Morals, & Meaning,* (Nashville, TN: B&H Publishing Group, 2017), 272.

8 Amanda Prestigiacomo, "Cuomo Boasts of Low COVID Infections: 'God Did Not Do That'", *The Daily Wire.* Accessed June 2022, https://www.dailywire.com/news/cuomo-boasts-of-low-covid-infections-god-did-not-do-that?utm_source=facebook&utm_medium=social&utm_campaign=mattwalsh.

9 See this blog on Nebuchadnezzar, which I recently wrote, it is relevant to the subject matter of this discussion: https://sevillachapel.org/2020/05/20/the-elders-roundtable-the-humbling-of-a-pagan-king/?fbclid=IwAR3nJOjJxSzmqDIw38l__lRk3EJMMnnE7519oqfLLfFauKSRcPnKucJ4cTs

[0] Jesse T. Njoka, "The Worship of God through Agriculture," in *Biblical Holism and Agriculture."* Ed. Evans, David J., Vos, Ronald J., Wright, Keith J. (Pasadena, CA: William Carey Library, 2003), 21.

[11] Wayne A. Kobes, "Reclaiming a Biblical Vision for Agriculture," in *Biblical Holism and Agriculture."* Ed. Evans, David J., Vos, Ronald J., Wright, Keith J. (Pasadena, CA: William Carey Library, 2003), 14.

[12] Herman Dooyeweerd, *Reformation and Scholasticism in Philosophy: Collected Works Series A, Volume Five,* trans. Ray Togtmann (Grand Rapids, MI: Paideia Press, 2012), 13-14.

El Florecimiento Humano y el Mandato Cristiano Educativo

por Paul Aurich

Introducción

EL ATRACTIVO SOCIAL del humanismo secular atrae a muchos en nuestra cultura a asumir y asimilar una visión dualista de la realidad en su pensamiento que apunta a separar la cosmovisión bíblica del florecimiento humano. Esta visión dualista del mundo proviene de la filosofía griega, que separa la realidad en dos categorías distintas: el nivel superior y el nivel inferior. El nivel superior es el reino de las ideas subjetivas y de las creencias religiosas – las confesiones religiosas no deben relacionarse con la esfera pública, porque están fuera del reino de los hechos, la verdad y la ciencia. Dicho esto, el nivel inferior es el reino de las actividades humanas, que se limitan principalmente a este mundo. Francis Schaeffer nos da una descripción útil de esta comprensión dualista de la realidad, denominándola "la tensión naturaleza-gracia". Afirma:

La tensión o problema entre la naturaleza y la gracia puede representarse así: Gracia, lo más alto: Dios el Creador; el cielo y las cosas celestiales; lo oculto y su influencia en la tierra; unidad, o universalidad o absolutos que dan sentido a la existencia y a la moral. Naturaleza, lo inferior: lo creado; la tierra y las cosas terrenales; lo visible y lo que sucede normalmente en el universo de causa y efecto; lo que el hombre como hombre hace sobre la tierra; diversidad, o cosas individuales, las particulares, o los actos individuales del hombre. [1]

La afirmación comúnmente sostenida, "guárdate tu religión para ti mismo", sería un vivo ejemplo de nuestro atractivo social para mantener las creencias religiosas dentro de los confines de la esfera privada o personal. La religión cristiana, según los humanistas modernos, ciertamente *no* debe informar sobre el florecimiento humano, ya que es una categoría del nivel inferior. Los defensores de la ciencia y los hechos se contentan con relegar la cosmovisión cristiana al ámbito privado del nivel superior, mientras basan el éxito del florecimiento humano en la buena ciencia y el "hecho". El problema fundamental de esta división de la realidad en dos niveles es que el Dios Trino de las Escrituras ordenó que toda la creación estuviera en unión con su palabra reveladora. Dado que la Biblia proclama que toda la vida es religiosa, los creyentes cristianos deben entender todo el florecimiento humano como un mandato creacional bajo y en el contexto del supremo señorío de Cristo Jesús. No puede haber neutralidad en el mundo que Dios creó.

La responsabilidad del cristiano de tomar el manto de liderazgo en la tarea de la educación es, por lo tanto, muy evidente. El florecimiento humano a largo plazo predica la formación de los niños bajo el fundamento de una vida y una cosmovisión cristianas. El descubrimiento y la aplicación de la tradición de las artes liberales, que consiste en la piedad, regida por la teología, las artes

del lenguaje y las artes matemáticas, y la filosofía, natural, moral y metafísica, equipa de manera integral a los alumnos con las herramientas para permitir el florecimiento humano.[2] Un enfoque cristianizado de las artes liberales, en consecuencia, permite y fomenta el cumplimiento del mandato cultural, que es el gobierno humano sobre la creación en sumisión adoradora a la Palabra de Dios. Una filosofía cristianizada de la tradición de las artes liberales permite el florecimiento en el sentido más auténtico, cimentando la adoración del Dios Trino como el punto central de toda cultura, ya sean las artes, las ciencias, la política, el derecho o la educación: el dominio humano sobre el mundo, que un enfoque cristiano de la educación de las artes liberales facilita, armoniza toda la actividad humana con el dominio soberano y trascendente del Dios Trino, muy lejos de la visión del mundo del humanismo secular.

El florecimiento humano, de acuerdo con la lógica del humanismo secular, puede existir independientemente en el plano humano de la realidad sin la influencia de la Palabra de Dios: es, según la definición de los humanistas seculares, una categoría neutral. Pero, como se mencionó, esta comprensión del florecimiento humano está muy lejos de la perspectiva bíblica, que unifica toda la creación bajo la autoridad trascendente de la revelación de la palabra de Dios. Los humanistas seculares están felices de hablar sobre el florecimiento humano, siempre y cuando Cristo y su Reino permanezcan dentro de los parámetros de la opinión y la creencia personal. Lamentablemente, las escuelas financiadas con fondos públicos operan bajo una suposición humanista secular, insistiendo en que la creencia y la práctica cristiana deben limitarse a la creencia privada, el piso superior, mientras que los administradores de la escuela y los maestros aclaman la ciencia empírica como la determinación final de una afirmación de verdad. En consecuencia, muchos en nuestra sociedad y, lamentablemente, en la iglesia, consideran que las vocaciones, como la agricultura, la educación, la política y el derecho, son neutrales; una perspectiva religiosa no es bienvenida en estas áreas del florecimiento humano porque son lo que algunos consideran "irreligiosas". Sin embargo, desde el punto de vista de una cosmovisión claramente cristiana, todas las formas de florecimiento humano están interconectadas con Dios y su palabra *porque el florecimiento humano toma lugar en el mundo de Dios.* De hecho, nada en la creación puede florecer o incluso existir aparte de la autoridad

suprema de la Revelación de la palabra Dios.

En contraste con el impulso secular de separar la religión cristiana de la realidad, la presuposición prominente del florecimiento humano desde una perspectiva claramente cristiana es que Dios es el inventor y el primer principio de la cultura humana, que, a escala humana, no puede existir ni prosperar, aparte de la influencia y la autoridad primordiales de la revelación de la palabra de Dios. En consecuencia, en el Jardín del Edén, la obediencia a la Palabra de Dios y el florecimiento humano debían ir de la mano en consonancia con el mandato cultural, donde Dios puso a Adán en el jardín del Edén "para que lo cultivara y lo cuidara" (Gen. 2:15). La prioridad educativa de la Iglesia cristiana exige una obediencia sincera en los ámbitos de la formación: "Enseña al niño el camino en que debe andar, y aún cuando sea viejo no se apartará de él". (Prov. 22:6). La educación, en relación con una perspectiva claramente cristiana, es la receta para el florecimiento humano. El cristiano, que está en consonancia con una cosmovisión bíblica, afirmaría, por tanto, que el florecimiento humano comienza con la distinción creador-creado. El cristiano confesaría que el mundo y todo lo que hay en él pertenece a Dios, porque Él, con su palabra, no sólo creó todas las cosas, sino que también las sostiene (Jn. 1:1-3, Col. 1:15-17). El hombre, siendo el pináculo de la creación y portador de la imagen divina de Dios, ha de dirigir todo su ser viviendo con adoración y sirviendo al Dios Trino, sometiéndose a su palabra en todos los aspectos, sabiendo que el ser humano no es un ser autónomo (Hech. 17:28).

El humanismo secular, por el contrario, al rechazar la centralidad de la palabra de Dios sobre la creación, se burlaría con toda seguridad de esta comprensión teocéntrica del florecimiento humano en lo que respecta a la educación, ofreciendo una alternativa que sitúa al yo autónomo como la medida del florecimiento humano. Tomemos, por ejemplo, la definición de florecimiento humano, dada por la Liga Nacional de Enfermería, que afirma:

> El florecimiento humano se define como un esfuerzo por alcanzar la autorrealización y la plenitud en el contexto de una comunidad más amplia de individuos, cada uno de los cuales tiene derecho a perseguir sus propios esfuerzos. Abarca la singularidad, la dignidad, la diversidad, la libertad, la felicidad y el bienestar holístico del individuo dentro de la familia, la comunidad y la población en general. Alcanzar el florecimiento humano es un viaje existencial a lo largo de toda la vida de esperanzas, logros, arrepentimientos, pérdidas, enfermedad, sufrimiento y superación.[3]

Esta definición del florecimiento humano, que es bastante típica de una mentalidad humanista, pone de relieve una suposición, que intenta centralizar al individuo autónomo como el punto central del florecimiento humano, un claro alejamiento de la cosmovisión bíblica, que proclama la sujeción de toda la creación bajo la autoridad gobernante del Dios Trino y su palabra. Al omitir la perspectiva bíblica de la vida, esta suposición subraya la irrelevancia del cristianismo, cuando se trata del florecimiento humano en el ámbito público. El florecimiento humano es el objetivo del individuo, que valora por encima de todo el logro de la autorrealización y la realización. La Liga Nacional de Enfermería, entonces, insiste en que el florecimiento humano tiene lugar dentro de la comunidad más amplia de individuos, también sin ninguna referencia anclada a Dios y su Palabra. El logro del florecimiento humano, según la Liga Nacional de Enfermería, se produce cuando los individuos autónomos persiguen su propia definición de florecimiento humano dentro del contexto más amplio de una comunidad de individuos autónomos. Sin embargo, la autonomía no puede existir en el mundo de Dios porque su palabra sustituye al orden creado: el principal problema de la concepción de la Liga Nacional de Enfermería sobre el florecimiento humano es que la autonomía no puede existir dentro del orden creado de Dios porque Él ha ordenado que todo en la creación se suscriba a su palabra, y los seres humanos, sus divinos portadores de imagen, no son una excepción a este mandato divino. De hecho, la autonomía humana, en contraste con las opciones populares del occidente moderno, obstaculiza el progreso del florecimiento humano.

Por lo tanto, el creyente cristiano se beneficiaría si reflexionara sobre la siguiente pregunta: ¿qué nos enseña la perspectiva bíblica sobre el florecimiento humano en el contexto del orden creado por Dios? La respuesta a esta pregunta es que el Dios Trino, según la perspectiva bíblica, gobierna toda la creación mediante su palabra, comunicándonos de la total dependencia de la creación en su revelación y de la dirección general de la historia redentora.

Nada en la creación puede, de hecho, existir o funcionar autónomamente, aparte del gobierno de la palabra de Dios. De hecho, la autoridad de la palabra de Dios, como observa Cornelius Van Til, se extiende a to-

dos los ámbitos de la creación hasta el punto de que los seres humanos no pueden tener una comprensión precisa del mundo creado aparte del fundamento de la palabra de Dios. Van Til escribe:

Se considera que la Biblia tiene autoridad sobre todo lo que habla. Además, habla de todo. No queremos decir que hable de los partidos de fútbol, de los átomos, etc., directamente, pero sí que habla de todo directamente o por implicación. No sólo nos habla de Cristo y de su obra, sino que también nos dice quién es Dios y de dónde viene el universo que nos rodea. Nos habla de una filosofía de la historia, así como de la historia. Además, la información sobre estos temas está entretejida en un todo inextricable. Sólo si se rechaza la Biblia como Palabra de Dios se puede separar la llamada instrucción religiosa y moral de la Biblia de lo que dice, por ejemplo, sobre el universo físico.

Esta visión de la Escritura, por tanto, implica la idea de que no hay nada en el universo sobre lo que el ser humano pueda tener una información completa y verdadera si no tiene en cuenta la Biblia. No queremos decir, por supuesto, que uno deba acudir a la Biblia y no al laboratorio si desea estudiar la anatomía de la serpiente. Pero si se acude sólo a la Biblia y también si se prescinde de ella, no se tendrá una interpretación completa o incluso verdadera de la serpiente. Por lo tanto, la apologética debe ocupar un lugar asignado en el plan de estudios de un seminario ortodoxo.[4]

Las observaciones de Van Til nos hablan sobre la necesidad de una comprensión fundamentada de la Palabra de Dios, que abarca toda la realidad, enseñándonos que el alcance de la revelación de Dios dirige y gobierna una comprensión comunicada del universo creado. No podemos, por ejemplo, comprender plenamente el lenguaje y las matemáticas, si la Palabra de Dios está ausente de la discusión. Los humanistas seculares y los creyentes cristianos pueden estar superficialmente de acuerdo en que $9 \times 8 = 72$, pero los humanistas seculares se desvían hacia la oscuridad en el razonamiento metafísico y la dirección detrás de esta ecuación. El origen del universo, según la perspectiva pagana del humanismo secular, no proviene de un ser infinito increado. La materia, al ser increada y eterna, proviene del caos, no teniendo uniformidad ni razón de existir. Así que los humanistas seculares con el resto del mundo pagano pueden ciertamente afirmar y verificar que $9 \times 8 = 72$, pero son incapaces de proporcionar una razón fundamentada de por qué esta ecuación tiene un sentido razonable.

El cristiano, al confesar una cosmovisión fundamentada en la palabra de Dios, respondería que $9 \times 8 = 72$ porque Dios, por su Palabra, creó sabiamente un mundo predecible, regido por las leyes que estableció por su palabra creadora. El creyente cristiano puede, por tanto, dar una explicación razonada al hecho de que $9 \times 8 = 72$ debido al alcance universal de la palabra de Dios.

Esto, por lo tanto, requiere que los creyentes cristianos adopten una confesión minuciosa de la palabra de Dios, entendiendo que su Revelación no es sólo bíblica, sino que también es creativa, así como encarnada. Sabemos por las páginas de la Escritura que Dios, por su palabra creadora, hizo que todas las cosas existieran de la nada (como revisaremos más adelante) a través de la mediación de Jesucristo, la palabra encarnada. El mundo natural está en perfecta armonía con la palabra de Dios, ya que Dios mismo es la fuente de todo lo que existe en el mundo natural. El florecimiento humano, procedente de una dirección secular, queda así imposibilitado, ya que cualquier desviación de la palabra de Dios, no sólo va en contra de la naturaleza, sino que lleva a la ruina total de la cultura en su conjunto, recordándonos la imposibilidad de la autonomía humana en el mundo de Dios. Sin embargo, en este punto, para ayudarnos a avanzar en nuestra discusión, necesitamos comprender qué es el florecimiento humano desde la perspectiva bíblica.

¿Qué es el Florecimiento Humano desde una Perspectiva Bíblica en relación con el Cumplimiento de la Palabra de Dios?

El florecimiento humano es el cumplimiento de la misión creativa del hombre de tener dominio sobre la Tierra de acuerdo con la palabra revelada de Dios, entendiendo que el mundo y todo lo que hay en él pertenece al Dios Trino. La Tierra y todo lo que hay en ella, en otras palabras, no pertenece a los seres humanos: como portadores de la imagen divina, estamos llamados a ser administradores de todo lo que Dios creó. La dimensión de alianza del florecimiento humano es, por tanto, indiscutible: el trabajo y la vocación del hombre han de llevarse a cabo de esa manera, rindiendo culto al Dios Trino.

La tarea creacional de Adán era extender el Edén hasta los confines de la Tierra como profeta, sacerdote y rey de Dios, debía obedecer perfectamente la palabra de Dios, debía funcionar como sacerdote sobre la creación, utilizando los recursos de la tierra para el bien del hombre, y debía funcionar como administrador de Dios sobre la Tierra, reflejando el sabio gobierno de Dios sobre el universo en homenaje de adoración a él. Como administrador de Dios, Adán, en su vocación, debía mantener una relación vertical con el Dios Trino al cultivar la creación de manera que reflejara la sabiduría de Dios sobre la creación. Al igual que Dios, a modo de ejemplo, ejerció su autoridad moral sobre la creación dando nombre a los cielos y a la Tierra, Adán, reflejando la autoridad de Dios sobre la creación, recibió el encargo de dar nombre a los animales.

La desobediencia moral de Adán se caracterizó por no ejercer el dominio sobre la Tierra como Dios le había ordenado; al no expulsar a la serpiente del jardín, permitió que Satanás condujera a Eva en una dirección que violaba la palabra de Dios, sometiendo a la creación a la pequeñez, la corrupción y la muerte, pero la esperanza permaneció en el segundo Adán, la semilla de la mujer (Gen. 3:15), que obedecería perfectamente la palabra de Dios, dando lugar a la continuación del florecimiento humano, dando razón del florecimiento humano en el presente.

A diferencia de Adán, Cristo Jesús obedeció a su Padre como perfecto profeta, sacerdote y rey; guardó y proclamó la palabra de Dios, se puso en el lugar de los redimidos como su gran sumo sacerdote, y ejerció su realeza haciendo avanzar a su iglesia por todas las naciones por la obra regeneradora del Espíritu Santo, poniendo a sus enemigos bajo sus pies, el último, que será la muerte. El florecimiento humano, en consecuencia, sigue siendo una estructura creacional y, desde la caída, porque Cristo está restaurando la creación a lo que era en el Edén, con la excepción de que él, a diferencia de Adán, sería la cabeza de la nueva humanidad, llamada de entre las naciones. La finalidad del florecimiento humano en el presente es proclamar el Evangelio del Reino, rememorando a Jesucristo, que acarició el cumplimiento de la palabra y la voluntad de su Padre.

El Dominio de la Palabra de Dios sobre la Creación

Génesis 1-3 nos enseña que toda la creación, en toda su diversidad, está sometida en todos los aspectos al Dios Trino y a su palabra en virtud de que sólo Él es el creador de todas las cosas. Esta comprensión del mundo de Dios, en lo que se refiere específicamente al florecimiento humano, nos informa de dos implicaciones sobre lo que significa tener dominio sobre la creación de Dios como sus mayordomos. *En primer lugar*, aprendemos que, como todos los ámbitos de la creación, el establecimiento y la determinación de la cultura no están sujetos a la autonomía humana. *En segundo lugar*, el florecimiento humano, como el de toda la creación, está sujeto a la autoridad de la palabra revelada de Dios. En otras palabras, el florecimiento humano, según Génesis 1 y 2, nos revela lo que somos y lo que no somos: somos los mayordomos del Dios trino, encargados de dominar la Tierra bajo la autoridad de Dios, adorando en obediencia a su ley-palabra; no somos seres autónomos, gobernados por la "auto"-ley. Pero antes de que podamos obtener una comprensión fundamental de estas implicaciones, primero tenemos que entender dos temas prominentes en la narrativa de la creación, *ex nihilo* y la sabiduría de Dios, *evidenciada en la creación*.

Ex Nihilo

El término latino *Ex Nihilo* subraya que el origen de todas las cosas de la creación proviene de la mente de Dios. La traducción al español se traduce como *"de la nada"*. El Dios Trino, siendo el creador de todas las cosas, por lo tanto, representó así el mundo y todo lo que hay en él tras la revelación de su palabra. C.S. Lewis capta maravillosamente el aspecto del *ex nihilo* en el relato de la creación, desde la vívida perspectiva de Polly, uno de los personajes principales del libro. Lewis describe a Aslan, el gran León, creando Narnia en toda su variedad cantando a la existencia. Lewis describe la perspectiva de Polly de esta manera:

> A Polly le resultaba cada vez más interesante la canción porque creía que empezaba a ver la conexión entre la música y las cosas que estaban sucediendo. Cuando una hilera de abetos oscuros surgió en una cresta a unos cien metros de distancia, sintió que estaban conectados con una serie de notas profundas y prolongadas que el León había cantado un segundo antes. Y cuando éste prorrumpió en una rápida serie de notas más ligeras, no se sorprendió al ver que las prímulas aparecían de repente en todas las direcciones. Así, con un indecible estremecimiento, *tuvo la certeza de que todas las cosas salían (como ella decía) "de la cabeza del León".*[5]

La descripción que hace Lewis de la creación de Narnia a partir del canto de Aslan es una vívida ilustración de la creación de este mundo: el Señor Dios creó todo en la creación por la inspiración de su palabra, fundamentando una vez más la singular confesión cristiana de la distinción creador-creado, subrayando que ningún aspecto del ser puede existir al margen de la voluntad y el propósito soberanos de Dios. Esto

contrasta directamente con todas las formas de paganismo, que creen que la materia es increada, procedente de la fuerza impersonal del caos. El hecho de que *Dios cree de la nada* es, por tanto, la respuesta fundacional a todo el ser, predicando la realidad de que todo lo que existe descansa sobre el fundamento de la palabra creadora de Dios: el ser es exclusivamente el producto de la palabra de Dios.

La afirmación recurrente, רֶמאֹיַו יְהִי םיִהֹלֱא ("Y dijo Dios, hágase...") nos revela la intrincada relación entre la palabra de Dios y la creación. Inicialmente, esta afirmación explica que Dios creó la luz (רוֹא) de la nada (versículo 3). A medida que avanza el relato de la creación, Moisés vuelve a repetir esta afirmación al comienzo de los versículos 6 y como también la aplica a "la expansión en medio de las aguas" (םִיַמַּה ךוֹתְּב עַיִקָר), y "las luces en medio de la expansión de los cielos" (םַשֶׂמֵּה עַיִקְרִב תֹראֹמ). El estribillo que cierra el versículo 3 recoge un tema repetitivo que Moisés repite a lo largo del relato de la creación: "y hubo luz" (:רוֹא-יִהְיַו). La luz, como cualquier otra parte de la creación, deriva su existencia de la palabra de Dios. La filosofía cristiana del ser, que se apoya sistemáticamente en una cosmovisión bíblica, se basa en la distinción creador-creación, es decir, que el Dios Trino de las Escrituras es la fuente y el origen de la realidad creada: la luz, como el resto de la creación, existe simplemente porque Dios la hizo existir. En otras palabras, la creación existe en virtud del hecho de que Dios la hizo existir mediante la sabiduría de su palabra.

El apóstol Juan, rememorando el relato de la creación, identifica a Jesucristo, el mediador de la creación, como el Verbo encarnado (λόγος). Esta Palabra, de la que ya se habló al principio del Evangelio de Juan (v. 1:1-4), expresa, en contraste con la filosofía griega y las formas modernas de humanismo secular, la personificación. Esta es una distinción crítica que los cristianos deben reconocer debido al marcado contraste entre la comprensión filosófica cristiana del *Logos* y la comprensión filosófica griega o humanista del *logos*. El *Logos*, según los estoicos, es la razón. Aquí vemos el marcado contraste entre la comprensión cristiana del *Logos* y el *Logos* tal y como los estoicos trataban de entenderlo: los cristianos confesaban que el *Logos* es la encarnación, la manifestación personificada de Jesucristo. Los estoicos, en cambio, creían que el *Logos* es la razón, impersonal e increada. El apóstol Juan, sin embargo, emplea el término *Logos* para expresar tanto la preexistencia como la autoría y el soberano señorío de Cristo sobre su universo creado.

En consecuencia, la marca filosófica que distingue al cristianismo de la filosofía griega es el origen de la autoridad: el apóstol Juan empleó el término *Logos* para destacar la autoridad última de Cristo sobre el orden creado, que incluye la razón, ya que sólo Él es la encarnación de toda la sabiduría y el conocimiento; los estoicos, con los humanistas seculares modernos, absolutizan involuntariamente la razón, que consideran una fuerza increada e impersonal, como el origen de todas las cosas.

La comprensión del Apóstol Juan del *Logos* es ineludiblemente personal, relacionando todas las cosas del orden creado con la soberanía total de Jesucristo, el Señor de todo conocimiento y sabiduría. Esta clara distinción entre la comprensión estoica del *Logos* y la confesión de Juan es que el Verbo es la sabiduría personificada de Jesucristo. Cristo está cualificado para ser el mediador de su iglesia, ya que es el *Logos*, la palabra eterna, preexistente antes de la fundación del mundo, el creador y sustentador de todas las cosas. Esto, en efecto, plantea un problema extensional a los filósofos estoicos y a los humanistas modernos, que siguieron su estela: se apela a la razón como un constructo absolutizado, que, al margen del consenso humano, puede proporcionar una comprensión fundamentada de la razón. Obviamente, los estoicos no apelaron a la distinción creador/creación, por lo que la dirección de la filosofía estoica siempre conducirá a la ambigüedad, ya que el *Logos* es esencialmente impersonal: el hombre, en consecuencia, es el único intérprete de la razón, pero nadie fuera de la esfera de la existencia humana puede verificar, si la razón, interpretada por los humanos, es verdaderamente razonable. La confesión cristiana del *Logos* personificado, Jesucristo, que creó y gobierna toda la creación, da la respuesta fundacional y coherente que los estoicos y los humanistas seculares no dan. La comprensión cristiana del *Logos* exige que el hombre busque fuera de sí mismo para encontrar una comprensión trascendente de la razón del Dios Trino de las Escrituras. Los estoicos y los humanistas modernos intentan arbitrariamente fundamentar la razonabilidad de la razón en el hombre autónomo, lo que en última instancia conduce al reduccionismo, porque no se puede lograr una comprensión coherente de la unidad aparte del *Logos*, que creó todas las cosas y ordena todas las cosas mediante su Palabra. Los humanistas y los estoicos se encuentran con el mismo problema epistemológico: el hombre no puede apelar a una comprensión trascendente de la verdad y el error

apelando a la razón aparte del Dios Trino. H. Evan Runner, al hablar del estoicismo, identifica articuladamente este problema:

> La suposición griega de que siendo la realidad hecha toda de una pieza no podía armonizarse con el fenómeno del error. A partir de esta condición se desarrollaron muchos problemas insolubles. La incapacidad de lograr la unidad tanto en la metafísica como en la epistemología se debía a que no tenían un Dios por encima de todo que hubiera creado los diversos aspectos de nuestra experiencia para cada uno de ellos.[6]

La Sabiduría de Dios en la Creación

Génesis 1 también nos enseña que Dios, al establecer el ser, también creó sabiamente un universo ordenado y predecible. Esto, por supuesto, contrasta con la perspectiva pagana, que ve el mundo y la realidad como si estuvieran en un estado constante de flujo, derivado del caos increado. Génesis 1, por tanto, fundamenta una comprensión y una perspectiva del orden creado que es razonable y coherente: es decir, Dios ordenó las diferentes partes de la creación para que cumplieran un propósito particular, acorde con el establecimiento del ser. Las luces del firmamento, que Dios creó en el cuarto día, recibieron el propósito de marcar el tiempo: días, meses y estaciones. Sólo a partir de este ejemplo podemos observar claramente la previsibilidad de las estaciones en consonancia con el mundo real. De acuerdo con Gen. 1:14, la estación del verano está determinada por la posición giratoria de la Tierra en relación con el sol, por ejemplo, "las luces del firmamento como el sol". "las luces en el firmamento como señales de las estaciones". Mediante esta norma creacional particular, la actividad del agricultor se apoya en la previsibilidad de la creación, que Dios ha establecido sabiamente. Las luces en el firmamento indican al agricultor que debe cosechar en otoño y plantar en primavera. Las actividades del agricultor, y su sustento, se basan en la sabiduría de Dios al ordenar las estrellas en su lugar apropiado. Por supuesto, éste es sólo uno de los muchos ejemplos que ponen de manifiesto que Dios creó sabiamente un mundo ordenado y con predicciones.

La secuencia de la creación también habla de su sabiduría en la creación: los versículos 1:1-8 registran la creación por parte de Dios del cielo y la Tierra, que se encontraban entre los días 1 y 4, los versículos 20-23 registran que Dios creó las aves y las criaturas del mar (el quinto día), los versículos 24-31 registran la creación de las criaturas de la tierra,

y el hombre, que tendría dominio sobre la Tierra como administrador de Dios (el sexto día), y Gen. 2:1-4 registra que Dios descansó de toda su obra después de declarar la finalización de la Creación como "muy buena". Así pues, Gen. 1 describe la trascendencia de la palabra creadora de Dios sobre la totalidad de la creación, lo que fundamenta claramente el florecimiento humano en el contexto de la relación vertical del hombre con el Dios Trino, autor de la creación.

La Imposibilidad de la Autonomía Humana

La trascendencia de la palabra de Dios sobre toda la creación no permite, por tanto, que ninguna parte de la creación opere de forma autónoma, es decir, que funcione como si la palabra de Dios no tuviera una relación directa con partes de la realidad. Como ya se ha dicho, los secularistas modernos y muchos dentro de la Iglesia mantienen involuntariamente una posición dualista sobre la realidad, en la que se insiste en una visión de la realidad de un piso superior y otro inferior: el piso superior restringe los asuntos de la fe y la religión a la esfera privada del individuo, mientras que la esfera de la moral, los hechos, la ciencia empírica, la moralidad y la vocación, residen en el piso inferior. Esta comprensión dualista de la realidad, compartida por los secularistas modernos y los cristianos modernos, relaciona así el florecimiento humano con la historia inferior, asumiendo que la vida y la visión del mundo cristianas tienen poca relevancia en el asunto de la vocación y el trabajo. Pero los creyentes cristianos deben comprender que el florecimiento humano, al ser una norma creativa, no debe considerarse como una categoría neutral y no religiosa de la realidad, que la palabra de Dios no debe informar. El florecimiento humano, porque toda la vida es religiosa, es el precursor y la actualización de la redención, por lo que los cristianos, de entre todas las personas, deben tomar la delantera y valorar la armonía que existe entre el florecimiento humano y la palabra revelada de Dios. Crítica a esta visión de la realidad de la historia superior e inferior, Nancy Pearcy observa: "El dualismo sagrado/secular aísla la verdad de Dios en el piso superior, lejos del mundo ordinario, lo que implícitamente niega el poder de Dios para *redimir* el mundo ordinario".[7]

La gente, dentro del occidente secularizado, afirma erróneamente que tiene la libertad de practicar su fe "personalizada" siempre que la visión cristiana del mundo no informe o se cruce con las esferas públicas de la sociedad. Esta idea se basa en la problemática y comúnmente sostenida suposición de que la información fáctica se basa únicamente en la ciencia empírica, que es interpretada por los "expertos", los elitistas culturales de nuestros días: la perspectiva bíblica sobre el florecimiento humano es rechazada de plano por una pretensión de "objetividad" arraigada en causas impersonales, aplastando cualquier apelación al conocimiento fundacional, que podría, al menos, proporcionar una razón sólida para legitimar la visión secular de la autonomía humana.

El gobernador demócrata del estado de Nueva York, Andrew Cuomo, al referirse recientemente al descenso de las infecciones por COVID19 en su jurisdicción, se jactó: "El número ha bajado porque nosotros lo hemos hecho bajar". Continuó afirmando: "Dios no lo hizo. La fe no lo ha hecho. El destino no lo ha hecho".[8] Cuomo, al hacer una declaración tan audaz como ésta, exalta involuntariamente la autonomía humana, al tiempo que se niega a reconocer la autoridad trascendente que la palabra de Dios tiene incluso sobre COVID19: la palabra de Dios, en contra de la opinión de Cuomo, gobierna todas las cosas de la creación. Cuomo, aquí, está cometiendo el mismo error que Nabucodonosor, quien imprudentemente se jactó de su propia autonomía, alardeando "¿No es ésta la gran Babilonia que he construido como residencia real, con la fuerza de mi poder y para gloria de mi majestad?" (Dan 4:30). Yahveh, al enfrentarse a la jactancia sin trabas de Nabucodonosor en su propia autonomía, le arrebató inmediatamente su Reino: sin la sumisión a la supervisión de la palabra revelada de Dios, es imposible la prosperidad humana, ya que el diseño de Dios para la creación es la sumisión de adoración a su palabra ley.[9] Jesse Njoka identifica articuladamente el vínculo entre la imposibilidad del florecimiento humano y la dirección cultural que se aparta voluntariamente de la palabra ley de Dios, afirmando,

> Cuando el pueblo de Dios vive dentro de los términos de la Alianza de Dios en el Antiguo y el Nuevo Testamento, Dios bendice la tierra para que produzca abundantemente para las necesidades del hombre, pero cuando éste viola los términos de la alianza, el suelo o la tierra y los productos son malditos como resultado de los pecados del hombre.[10]

Los secularistas, al sostener que los seres humanos pueden prosperar al margen de las influencias de la palabra de Dios, se muestran como quebrantadores del pacto, teniendo mucho en común con Eva, que se dejó guiar por la serpiente al pensar que los seres humanos podían determinar el bien y el mal al margen de la dirección de Dios y de la revelación de su palabra. Una cosmovisión bíblica, consistente y universalmente basada en la autoridad inerrante de la palabra de Dios, es la clave para confrontar la filosofía humanista detrás de la autonomía humana, mientras se celebra el florecimiento humano, que es la tarea dada por Dios del mandato cultural.

La Obediencia a la Palabra de Dios como Precursora del Florecimiento Humano

Como ya se ha dicho, el florecimiento humano, como el de toda la creación, está sometido a la autoridad de la palabra revelada de Dios. En términos de florecimiento humano y de la tarea humana de la vocación, el mandato cultural debe ser el servicio de adoración, prestado al Rey de reyes en conformidad con su palabra de ley. Esto es principalmente lo que significa ser cristiano. En Génesis 1:26, Dios revela el propósito del hombre como profeta, sacerdote y rey de la Creación: "que ejerza dominio sobre los peces del mar, sobre las aves del cielo, sobre los ganados, sobre toda la tierra, y sobre todo reptil que se arrastra sobre la tierra". Así pues, Gen. 2 desarrolla la naturaleza del dominio del hombre sobre la tierra bajo la autoridad de la palabra revelada de Dios. Dios estableció los parámetros culturales del florecimiento humano, entendiendo que Adán administraría y expandiría el jardín del Edén hasta los confines de la Tierra como guardián del pacto, reconociendo que el Mundo y todo lo que hay en él pertenece a Dios. En Génesis 2:8, después de haber formado y hecho del hombre una criatura viviente (1:7), "el SEÑOR Dios plantó un huerto hacia el oriente, en Edén; y puso allí al hombre que había formado". En contraposición a Rousseau, que sostenía que "la más antigua de todas las sociedades, y la única que es natural, es la familia", la cosmovisión cristiana afirma que la más antigua de todas las sociedades es la Divinidad, y la Trinidad, estableció armoniosamente, no sólo el cosmos, sino también el escenario cultural donde los seres humanos florecerían: Dios fue el jardinero original, y puso a Adán en el jardín "para que lo trabajara y lo mantuviera", extendiendo el Edén hasta los confines de la Tierra como vicealmirante de Dios sobre la creación. A diferencia del dualismo griego, el relato de la creación no restringe los asuntos de la fe a la esfera privada: la palabra de Dios también ordenó la obediencia de Adán en su vocación de trabajar y guardar el jardín del Edén. La tarea cultural del florecimiento humano, por tanto, debe priorizar una obediencia adorable a la palabra de la ley de Dios en todos los aspectos de la vida.

La Autonomía Humana Impide el Florecimiento Humano

El argumento de la serpiente, asociado a la caída, engañó a Eva y a Adán haciéndoles creer que el ser humano podía prosperar de forma autónoma, independientemente de la supervisión de la revelación de la palabra de Dios. Eva, con Adán siguiendo su ejemplo, se dejaron llevar por el engaño de la serpiente, creyendo que la persona humana podía determinar de forma autónoma las naturalezas del bien y del mal sin recurrir primero a la revelación de Dios. Todos los nacidos de Adán, compartiendo también su naturaleza caída, tienen ahora la inclinación a creer que las sociedades humanas pueden prosperar, mientras que la revelación del mundo de Dios pasa a un segundo plano frente al ingenio humano. Pero la doctrina de la caída, junto con la doctrina de la creación, nos enseña que el florecimiento humano no puede existir en ausencia de la obediencia bíblica. El relato de la caída, por ejemplo, relata la ruina cultural que sobrevino a nuestros primeros padres como resultado de su alejamiento moral de la obediencia al pacto: Eva sufriría el dolor de la maternidad y Adán el trabajo de la tierra. En consonancia con el relato de la caída en Gn 3, la historia bíblica ofrece varios ejemplos de la devastación social que supone desviarse de la Palabra de Dios para lograr la autonomía humana.

Deuteronomio 4:1-2, siendo uno de varios ejemplos, condiciona el florecimiento humano en la tierra prometida a la obediencia del pacto. Al preparar a los israelitas para entrar en la tierra prometida, bajo el liderazgo de Josué, después del exilio de cuarenta años en el desierto, el SEÑOR, a través de Moisés, dice:

> Ahora pues, oh Israel, escucha los estatutos y los decretos que yo os enseño para que los ejecutéis, a fin de que viváis y entréis a tomar posesión de la tierra que el SEÑOR, el Dios de vuestros padres, os da. No añadiréis *nada* a la palabra que yo os mando, ni quitaréis *nada* de ella, para que guardéis los mandamientos del SEÑOR vuestro Dios que yo os mando.

El éxito de Israel en la tierra estaba condicionado a la obediencia a la palabra de Dios. La toma de posesión de la tierra, otorgada por Yahveh, estaba condicionada a la escucha de los estatutos y normas, dictados por

Yahveh. Si el pueblo se mantenía fiel a la alianza, adorando sólo a Yahveh, cumpliendo sus mandamientos, sin añadir ni quitar nada, entonces los israelitas prosperarían en la tierra como testimonio para las naciones. Aquí vemos una interconexión entre prosperar en la tierra y la obediencia a la palabra de Dios: no había dualismo entre la naturaleza y la gracia. Los mandamientos de Yahveh debían regir todas las formas de ley, moral, civil y ceremonial. Sin embargo, ningún israelita, aparte del SEÑOR Jesucristo, obedeció jamás esta estipulación del pacto.

El libro de los Jueces, por ejemplo, retomando el mismo tema de la obediencia y el florecimiento en la tierra de Canaán, afirma repetidamente: "En aquellos días no había rey en Israel. Cada uno hacía lo que le parecía correcto". Los israelitas, en varias ocasiones a lo largo del libro de los Jueces, se apartaron de la Palabra de Dios por la ley propia. La autonomía humana, a la que los israelitas se plegaron por defecto, porque rechazaron al Señor, que era su rey, tuvo como resultado la derrota, y la ruina cultural. Pero Dios, en varias ocasiones a lo largo de este difícil período de su historia, levantó a los Jueces para llamar al pueblo a volver a la fidelidad del pacto, que los libraría de la nación pagana, que aún ocupaba Canaán.

En efecto, esto nos remite a Génesis 3:15, que proclama "Y pondré enemistad entre tú y la mujer, y entre tu simiente y su simiente; él te herirá en la cabeza, y tú lo herirás en el calcañar", donde se prometía un libertador, más grande que los jueces, cuya obediencia legítima y propia aseguraba la adoración a la palabra de Dios en las esferas privada y pública por el poder del Espíritu Santo. La obediencia perfecta de Jesucristo, el segundo Adán, asegura así el florecimiento humano, no sólo en esta época, sino también en la venidera.

El Florecimiento Humano es Indicativo de la Redención

La restauración de la creación, por lo tanto, se deriva de la obediencia de Jesucristo, que es, no sólo el Dios-hombre, o segundo Adán, sino que es el mediador de toda la creación. El florecimiento humano, en consecuencia, descansa en la justicia de Cristo, imputada a su pueblo de la alianza. Si Jesucristo cumplió perfectamente la ley y los profetas, entonces la norma creativa del florecimiento humano, en la era de la iglesia hasta la eternidad, depende de todo lo que hizo para cumplir la voluntad de su Padre como segundo Adán. El florecimiento humano es una bendición que los cristianos deben disfrutar adorablemente en el presente, porque la redención de Cristo no sólo rescata al creyente cristiano del juicio, por importante que sea, sino que también está apartando a la creación de la maldición, a la cual fue sometida, a causa de la desobediencia de Adán: La desobediencia de Adán, que fue imputada a todos los que nacieron en él, sometió a la creación a la futilidad, la corrupción y la muerte. La obediencia de Cristo, sin embargo, aseguró la restauración de la creación para la nueva humanidad en Cristo, que es regenerada por el Espíritu Santo para las obras de servicio, rendidas a Dios en el culto.

La prioridad redentora de Génesis 3 nos recuerda que, aunque la tierra esté maldita por la desobediencia de Adán, las normas de la creación, unidas al florecimiento humano, continuarán como prueba de la restauración de la creación en Cristo. La consistencia del trabajo que disfrutamos en esta vida, ya sea la fontanería, la enseñanza o la jardinería, es un vívido recordatorio de la fidelidad de Dios a su palabra: así como la narración de la creación de siete días nos enseña que el mundo natural está sujeto a la revelación de la palabra de Dios, también la nueva creación, que se está construyendo actualmente en Cristo a través de la regeneración de los santos, está viendo y verá una manifestación aún mayor de la relación entre la palabra de Dios y la creación. La realidad actual de que el florecimiento humano sigue siendo una constante de la creación, incluso en un mundo caído, nos indica que el evangelio del Reino está avanzando. Por lo tanto, los cristianos, de entre todas las personas, tienen que ser los líderes del florecimiento humano, considerando las estructuras del trabajo y la vocación como una empresa misionera, entendiendo que no existe ningún dualismo entre el avance del reino de Cristo y las actividades de la esfera pública. Los seres humanos prosperan en el mundo de Dios, por lo que deben rendir un homenaje de adoración al Rey de Reyes, quien, por su perfecta obediencia al comprar a los redimidos, aseguró el presente estado de cosas, de modo que incluso los incrédulos pueden disfrutar temporalmente de los beneficios de la compra de Cristo. Wayne Kobes escribe,

> En Génesis 3, rodeado de palabras de juicio, las promesas toman forma: habrá dolor en el parto, pero nacerán niños, la vida continuará. Maldita sea la tierra por tu culpa, Adán: con doloroso trabajo comerás de ella todos los días de tu vida, pero comerás y vivirás. Desde el principio, Dios dejó claro que Satanás, el usurpador, el pretendido gobernante de la creación

de Dios, no prevalecería. Y a lo largo de la historia -la historia de la redención- se va viendo la plenitud de esas promesas. El Dios creador, lleno de misericordia y compasión, siempre fiel a sus promesas de alianza, lleva a cabo la redención, la restauración de su creación caída. Este es el mensaje constante de las Escrituras. La salvación no es la liberación de esta creación física en la que Dios nos ha colocado, una huida de este mundo o de la existencia corporal. Más bien, la salvación implica la redención de toda la persona y de todo el mundo al que pertenecemos.[11]

El evangelio de Cristo, evidentemente, implica mucho más que la salvación de las almas del juicio divino (aunque esto es una parte importante de la proclamación del evangelio), permite a los redimidos en Cristo tener dominio sobre la Tierra como Dios pretendía en el Jardín del Edén: el cultivo de la civilización humana en armonía con la revelación de la palabra de Dios. Lamec, el padre de Noé, declaró con fe, creyendo en la verdad de la palabra prometida por Dios, que la semilla de la mujer restauraría toda la creación de la corrupción con la redención de los santos, cuando dijo: "Y Lamec vivió ciento ochenta y dos años, y engendró un hijo. Y le puso por nombre Noé, diciendo: Este nos dará descanso de nuestra labor y del trabajo de nuestras manos, por *causa* de la tierra que el Señor ha maldecido" (Gen. 5:28-29). Aquí vemos una correlación entre el florecimiento humano y la redención que sería asegurada y realizada por la palabra de Dios encarnada, Jesucristo. El florecimiento humano, como ya se ha dicho, se basa en la obediencia al pacto con la Palabra de Dios, y Cristo, al complacer al Padre con su vida obediente y su muerte sustitutiva, aseguró que el florecimiento humano continuara como norma creativa a lo largo de la historia redentora hasta la eternidad. El pacto que el Señor hizo con Noé después del diluvio, cuando él, su familia y los animales salieron del arca, puso de relieve la continuidad de los tiempos y las estaciones con el propósito del florecimiento humano. Moisés afirma:

> Y edificó Noé un altar al Señor, y tomó de todo animal limpio y de toda ave limpia, y ofreció holocaustos en el altar. Y el Señor percibió el aroma agradable, y dijo el Señor para sí: "Nunca más volveré a maldecir la tierra por causa del hombre, porque la intención del corazón del hombre es mala desde su juventud; nunca más volveré a destruir todo ser viviente como lo he hecho. Mientras la tierra permanezca, la siembra y la siega, el frío y el calor, el verano y el

invierno, el día y la noche, nunca cesarán" (Gen. 8:20-22).

Como explica este texto, la continuidad del florecimiento humano como norma de la creación descansaba en la complacencia del Señor en el holocausto de Noé, que sirvió como tipo de Cristo en la preparación anticipada del antitipo, la "ofrenda única" de Cristo, que perfeccionó para siempre a los santificados" (Heb. 10:14). El florecimiento humano está, por lo tanto, interconectado con la redención de Jesucristo, porque él es el segundo Adán, que no sólo obedeció perfectamente el pacto, sino que también sufrió y murió, el verdadero sacrificio apaciguador en lugar de los redimidos. El florecimiento humano en esta época, y en la venidera, descansa, por consiguiente, en la obediencia de Cristo a la Palabra de Dios, ya que cumplió con justicia el mandato cultural de dominio al obedecer plenamente la palabra de Dios al asegurar un pueblo propio redimido.

El Florecimiento Humano y la Restauración de la Creación

La perspectiva bíblica de la restauración de la creación garantiza el florecimiento humano en el presente porque la creación es buena y, por tanto, será restaurada en Cristo Jesús en la consumación de su Reino. Jesús promete en Apocalipsis 21:5

"He aquí que hago nuevas todas las cosas", lo que significa que el florecimiento humano con el resto de la buena creación de Dios será restaurado en perfección. El apóstol Pablo, al escribir a la iglesia de Éfeso, afirma:

> En Él tenemos redención mediante su sangre, el perdón de nuestros pecados según las riquezas de su gracia que ha hecho abundar para con nosotros. En toda sabiduría y discernimiento nos dio a conocer el misterio de su voluntad, según el beneplácito que se propuso en Él, con miras a una *buena* administración en el cumplimiento de los tiempos, *es decir*, de reunir todas las cosas en Cristo, *tanto* las *que están* en los cielos, *como* las *que están* en la tierra (Ef. 1:7-10).

El misterio de su voluntad es la revelación gradual del propósito establecido por Dios de unir todas las cosas en los cielos y la tierra en Cristo. La redención que Cristo aseguró mediante su sangre, por tanto, tiene ramificaciones cósmicas que informan la realidad actual del florecimiento humano. Si todas las cosas en los cielos y en la tierra estarán unidas en Cristo en la era venidera, entonces los creyentes cristianos tienen una vívida esperanza en la realidad del florecimiento humano en el mundo venidero. El florecimiento humano no será más que fructífero en los nuevos cielos y la nueva tierra porque Cristo, en contraposición a Adán, es nuestra cabeza, fundamentando la actividad cristianizada del florecimiento humano en el presente. Cuando los cristianos tratan de cumplir con el mandato cultural de Génesis 2:15, lo hacen en previsión de la unión de todas las cosas en Cristo. Los cristianos, por lo tanto, se dedican a la agricultura en el estado presente, mientras sufren bajo la maldición debido a la seguridad de que la agricultura será una realidad en los nuevos cielos y la nueva tierra, excepto que la carga de la maldición ya no será un obstáculo para los agricultores. Los cristianos disfrutan y se dedican a la labor del florecimiento humano en el presente como testimonio evangelizador, de que el Reino de Dios es una realidad presente, que espera con anticipación, su plena revelación en el regreso de Cristo. La fecundidad del florecimiento humano, que concuerda con la palabra creativa, bíblica y encarnada de Dios en el presente estado de cosas, es un precursor del florecimiento humano en la consumación de la creación, que se asemejará vívidamente al Edén en su enfoque y dirección, donde el trabajo de la nueva humanidad será una expresión adoradora de dominio, armonizada con la palabra revelada de Dios para el orden creado. Herman

Dooyeweerd escribe:

> El Verbo Divino, que el Evangelio de Juan declara haber creado todas las cosas, se hizo carne en Cristo Jesús. Así, el Verbo entró en la raíz y en las ramificaciones temporales, en el alma y en el cuerpo, de la naturaleza humana. Precisamente por eso, la redención realizada por el Verbo es radical. Fue la regeneración del hombre y, por tanto, de todo el cosmos temporal creado, que se había concentrado religiosamente en el hombre. En su Verbo creador, por el que se han hecho todas las cosas y que se ha hecho carne en la persona del Redentor, Dios conserva también el cosmos caído mediante su gracia común (*gratia communis*) hasta la llegada del juicio final. En ese momento, la creación redimida será liberada de su participación en la raíz pecaminosa de la naturaleza humana y se le permitirá brillar en una perfección superior. Entonces la justicia de Dios irradiará incluso a través de Satanás y su Reino, en confirmación de la soberanía absoluta del Creador.[12]

Dooyeweerd observa una vívida conexión entre la realización de la redención por parte de Cristo, la realidad temporal de la gracia común (que incluye el florecimiento humano) y la liberación de la creación de la esclavitud provocada por el pecado. La nueva creación, de acuerdo con el mandato cultural, gozará, por tanto, de las estructuras creacionales de las que disfrutamos ahora, la agricultura, el arte, la artesanía, permanecerán como estructuras creacionales en los nuevos cielos y la nueva tierra, porque, siendo partes de la buena creación de Dios, estarán incluidas en la unión de todas las cosas en Cristo. La restauración de la creación vendrá con la redención de la nueva humanidad en Cristo, lo que permitirá el florecimiento humano tal y como Dios pretendía en el jardín del Edén.

Conclusión

En conclusión, el florecimiento humano se basa en la obediencia a la palabra de Dios de acuerdo con su voluntad. Esto contrasta directamente con los humanistas seculares, que insisten en que las búsquedas individuales de los individuos autónomos conducen al florecimiento humano. La gente, que vive en el mundo de Dios, no puede esperar ver sociedades prósperas, mientras la cultura se dirige habitualmente en una dirección apóstata, lejos de la obediencia a la palabra de Dios. La historia ha enseñado, una y otra vez, que la ruina cultural es el resultado inevitable de un alejamiento voluntario de la palabra de Dios, ya que Dios ha ordenado que toda la creación se adscriba a la obediencia de la palabra de Dios, y las condiciones para la prosperidad humana no son ciertamente una excepción a esta norma creacional. La perspectiva bíblica afirma que las comunidades prosperan, cuando los creyentes cristianos, deseando vivir en Alianza con el Dios Trino, procuran obedecer la palabra de Dios. Dios puso a Adán en el jardín para que lo guardara y ejerciera el dominio sobre la Tierra mientras vivía en perfecta armonía con la Revelación de la Palabra de Dios. La rebelión moral de Adán contra la palabra de Dios sometió a la creación a la corrupción de la maldición, provocada por su incapacidad de ejercer el dominio sobre la tierra de acuerdo con la palabra de Dios, pero el florecimiento humano siguió siendo una constante de la creación únicamente porque Jesucristo se encarnó como el Adán enviado. El florecimiento humano seguirá siendo una norma de la creación, hasta la resurrección, porque la perfección de la obediencia de Cristo aseguró la estructura del florecimiento humano, de modo que cuando los cristianos trabajan con excelencia en sus respectivas vocaciones, están demostrando la presencia inmediata del reino a través de sus buenas obras y del amor al prójimo.

Notas Finales

[1] Francis H. Schaffer, *How Should We Then Live: The Rise and Decline of Western Thought and Culture* (Wheaton, Il: Crossway, 1976), 55.

[2] La fuente de esta comprensión de la tradición de las artes liberales proviene de Kevin Clark y Ravi Scott Jain, *The Liberal Arts Tradition: A Philosophy of Christian Classical Education,* (Camp Hill, PA: Classical Academic Press, 2013).

[3] Consulta "Practical/Vocational Program Outcome: Human Flourishing", *National League for Nursing*, Consultado Mayo de 2022, https://www.nln.org/docs/default-source/uploadedfiles/default-document-library/human-flourishing-final.pdf?sfvrsn=90c6df0d_0

[4] Cornelius Van Til, *Christian Apologetics: Second Edition* ed. William Edgar (Phillipsburg, NJ: P&R Publishing, 2003), 19-20.

[5] CS Lewis, *The Magician's Nephew,* (New York: NY: Harper Collins, 1955), 126.

[6] H. Evan Runner, "Stoicism: The Porch To Christianity?" in *Walking in the Way of the Word: The Collected Writings of H. Evan Runner*, ed. Kerry John Hollingsworth (Grand Rapids, MI: Paideia Press, 2016), 86.

7   Nancy Pearcy, *Saving Leonardo: A Call to Resist the Secular Assault on Mind, Morals, & Meaning*, (Nashville, TN: B&H Publishing Group, 2017), 272.

8   Amanda Prestigiacomo, "Cuomo Boasts of Low COVID Infections: 'God Did Not Do That'", *The Daily Wire*. Consultado Junio de 2022, https://www.dailywire.com/news/cuomo-boasts-of-low-covid-infections-god-did-not-do-that?utm_source=facebook&utm_medium=social&utm_campaign=mattwalsh.

9   See this blog on Nebuchadnezzar, which I recently wrote, it is relevant to the subject matter of this discussion: https://sevillachapel.org/2020/05/20/the-elders-roundtable-the-humbling-of-a-pagan-king/?fbclid=IwAR3nJOjJxSzmqDIw38l__lRk3EJMMnnE7519oqfLLfFauKSRcPnKucJ4cTs

0   Jesse T. Njoka, "The Worship of God through Agriculture," en *Biblical Holism and Agriculture."* Ed. Evans, David J., Vos, Ronald J., Wright, Keith J. (Pasadena, CA: William Carey Library, 2003), 21.

11 Wayne A. Kobes, "Reclaiming a Biblical Vision for Agriculture," en *Biblical Holism and Agriculture."*

Ed. Evans, David J., Vos, Ronald J., Wright, Keith J. (Pasadena, CA: William Carey Library, 2003), 14.

12 Herman Dooyeweerd, *Reformation and Scholasticism in Philosophy: Collected Works Series A, Volume Five*, trans. Ray Togtmann (Grand Rapids, MI: Paideia Press, 2012), 13-14.

Man and His Relation to the State

by B.J. van der Walt

Editor's Note: *Lecture Transcript from the Third International Conference for Christian Higher Education, August 13-20, 1981 at Dordt College, Sioux Center, Iowa, USA.*

EACH ONE OF US is a citizen of a state from birth. We have to do with the government of our country every single day of our lives. The political policies of other countries also have their influence on the policies of our own countries. In order for us to attend the conference in which this lecture was given, for example, the relevant government departments had to issue each one of us with a passport. And the USA had to grant us visas to enable us to enter this country. Some individuals who might have wanted to be in Dordt too could perhaps not come because their governments would not let them come.

Introduction

It is therefore important that we should today ask ourselves the question: Why such a thing as a state? Particularly because we are going to listen to Prof. LM du Plessis' paper this morning on how the same question is answered by the Marxist and the Neo-Marxist, it is essential that we should ask ourselves beforehand what the Bible says.

As is fitting for Christians, we start this day with a Bible study. This is not to be seen as a mere formality, but is intended as a serious plea to God, so that we might perhaps find the answer to our question in his Word.

Before we go on to do that, we have to know how to use the Bible. There are two great dangers which repeatedly come up whenever we want to use the Bible to find answers for concrete problems.

In the first place, the problem resides in the fact that we expect *too little* of the Bible. We do not doubt the authority of the Bible, and we do believe that it has a message for our religious lives. But we still question whether it can say anything significant in terms of politics (in other words, about state and government). In this way the Bible is *under*-valued.

But in another respect it is *over*-valued, and *too much* is expected of it. A clear example of this occurs when Christians look at the attitude Christ displayed with regard to political trends in his day and then strive to apply these just like that. It sounds immensely pious to ask "What would Christ have done?". But those people do not realize that Christ's command that we should be his *followers* did not mean that we should be *imitators*.

Another example of an inaccurate usage of the Scriptures in this context would be if we should select certain "political" texts from the Bible and then use them directly as solutions to our contemporary problems. The Word of God gives no *direct answers* to particular political issues, but does give *perspectives* in order to find the answers. It mostly does not give concrete, final *solutions*, but indicates instead the *direction* in which the solutions have to be sought. (It might then even happen that passages from Scripture which might seem to have nothing to do with the state or with politics (such as Ephesians 6:6-9, on slavery) might on closer inspection offer much more than passages from Scripture which might at first glance seem to offer "political statements".)

Naturally, it would be preferable to check through the entire Bible to deal with our question of "Why the state?". That would be utterly impossible, however, in the time at our disposal. We have to limit ourselves to the New Testament, and then also to two crucial sections, viz. Romans 13:1-7, and Revelation 13. (Other relevant texts in the New Testament include Matthew 22:15-22; Luke 22:36-38; John 19:11; Acts 4:19 and 5:29; 1 Corinthians 6:1ff; 1 Timothy 2:1-2; Titus 3:1; Philemon 3:20 and 1 Peter 2:13-17.) A verse by verse exegesis of the two important passages assigned to me will be impossible within the limits of thirty minutes. Therefore, I will confine myself to making certain pertinent remarks which I hope will stimulate you to further thought.

I would like to summarize the message incorporated in these two passages of Scripture as follows: *Romans 13* makes it very clear that we may not regard state (and government) *as being lowly*. It is not merely a human invention, but an institution ordained by God. Spiritualist disdain as well as revolutionary rejection (which often comes very close to each other indeed – cf. sixteenth century Anabaptism) then does not suit the Christian. *Revelation 13*, on the other hand, would like to warn mankind that the state should not be *too highly regarded* – it has a sinful human side.

Instead of *disdaining* the state and trying to destroy it, man can also *absolutize* it, and then try to find his salvation in a totalitarian regime – instead of trusting in God alone. This too is unworthy of a Christian – the book of Revelation indicates exactly how much the faithful may suffer under it.

Is this not precisely the dilemma of Marxism? *In theory* they disdain the state. It is merely an instrument of oppression in the hands of the privileged. If it should once be eliminated, utopia will arrive. But *in practice* we see precisely the opposite. The state is idolized and absolutized. Totalitarian Marxist regimes have to bring salvation to the earth.

Within the framework of this broad perspective we can now have a look at each of the passages of Scripture separately.

Romans 13:1-7

Before we go on to look at the contents, first something about the background, audience, and context.

Background

From Acts 18:2 we can deduce that the Emperor Claudius persecuted the Jews in Rome. This could also have been the case with Christians from other national groups. It could equally be true that among the Christians in the capital of the mighty Roman Empire there could have been rebellious elements. They could have argued that, after their acceptance of Christ as their King they did not need to be subjugated to a secular king – albeit the mighty Emperor of Rome. In this the revolutionary Jewish groups in Palestine, who refused to pay taxes to the heathen emperor (cf. Matthew 22:15-22) set them an example.

Audience

When Paul deals with the state, he turns to the subjects first of all. In Romans 13 he does not deal directly with the other facet of political life, viz. the government. (One should, by the way, be careful not to regard state and government as the same thing. Just as the parents are not the whole family and the church council is not the congregation, the state government is not the complete state, but only the office-bearers.) Historically this focusing on the subjects primarily is to be understood, because few Christians then filled positions in government. From the Bible we know of one case only, viz. Theophilus, addressed by Luke in 1:1 as "Excellency" (*kratiste*).

In this period the distinction between office-bearers and subjects was unmistakable and clear. But, in spite of later persecution and even martyrdom, the situation then was reasonably simple. It is most probably harder to be in the governing seat oneself and to have to decide what one could legally impose on others, what is meant by a just government in cases of conflict of interest...

If these and other texts in the New Testament then deal only with the duties of the subjects, does Scripture say nothing about the responsibilities of governments? Implicitly, yes. Paul could not deal with the duties of the citizen without allowing something to appear about the task of the rulers and the purpose of state authority.

It is important, however, to keep in mind that Paul here thinks of the Roman Empire with its pagan cult of the emperor, and that he strives to indicate to his readers specifically what their attitude as Christian subjects should be in such a situation. For that reason, all the more, one is struck by die positive attitude that the apostle is here assuming towards the state.

His quite positive vision of the state is often contrasted with the dark portrayal of the bestial power of state in Revelation 13. Paul's clear appreciation then would be directly in opposition to the somber pessimism and clear disqualification of John. The remarkable fact is that both men are writing against the background of the Roman Empire. Could it perhaps be because Paul as a roman citizen was still enjoying the protection of the Roman government (various events from his life could be mentioned to substantiate this statement) while John was exposed to all the cruelties of emperors such as Nero, Caligula and Domitian? (The book of Romans was written in circa 60 AD, while the book of Revelation was written much later, between 90 and 100 AD.)

Whatever the reasons were, however, in Romans 13 and Revelation 13, the Bible teaches two sides of the coin regarding the state.

It is a good, essential institution of God, a sign of his love and patience with man, to see that everything does not disintegrate into chaos.

On the other hand the state, more than any other social institution has the tendency to fall into decadence. It is typical of governments, for example, to want to appropriate more power and to want to extend their power to fields other than the political.

They want to become permanent, indispensable and irresistible. That is where one sees the trend – discernible throughout the history of mankind – to establish world empires. The power concentration started at Babel. Then came empires of the Egyptians, Assyrians, Chaldeans, Medes and Persians, Greek-Macedonians and Romans. In our own time we have known of "Britannia rules the waves" and "Deutschland, Deutschland Über Alles in die Welt".

Next to Romans 13 we then have Revelation 13 as a warning. There will also be governments who will do the opposite of what is advocated in Romans 13:3 instead of punishing the criminals and praising the virtuous, the evil among men will be praised and the followers of Christ will be persecuted.

Context

As regards the context or the structural place of Romans 13, it is a good thing to keep in mind the following:

The theme of this book is justice through faith. For Paul, however, justice through faith and politics cannot be separated from each other. In this sphere of life, too, the newness of the Christian has to assume meaningful shape. For us it might seem strange that Paul, while he is dealing with matters of doctrine, should suddenly also begin to deal with matters of a political nature. He, however, finds it the most natural thing to do, because according to him the faithful need not feel lost in the political jungle!

This becomes even more surprising when one looks at the direct or immediate context of Romans 13:1-7 more closely.

In the preceding section, in Romans 12 Paul deals with love. Verses like 14, 19 and 20 clearly remind us of the Sermon on the Mount. What he says in closing about love for one's enemies is also a gripping expression of the commandment of Christ. In verse 21 Paul gives a resume of this in an all-encompassing rule of life: "Do not let evil conquer you, but use good to defeat evil."

And then, without a transitional phase, almost startlingly, the first words of chapter 13 follow: "Every person must submit to the supreme authorities." What does self-denying love have to do, after all, with hard, even dirty political realities?

It becomes even more surprising if we note that the "political" argument in Romans 13:1-7 in verse 8 once again – without any warning –

goes over into "Leave no claim out-standing against you, except that of mutual love." (Read the rest of the passage up to verse 10 also).

This scriptural passage therefore is not simply a free-standing *locus classicus* for the Christian's attitude and actions towards the state. Paul sets the Christian attitude to the government in the framework of love: it is grounded in love and it culminates in love.

In this manner we have now found *the* central point of departure from which one should understand the apostle's ideas about the Christian's attitude towards the state. Christians should owe nobody – not even the state – something other than love. The submission in obedience to government should spring from love – love for God and one's neighbour.

Generally, in dealing with government, one speaks of justice in contrast to love. Whoever does this, however, does not have Paul on his side. Our attitude towards government authority is not a question merely of justice but in the first place of love. In this sphere too the central commandment of love (cf. verses 9 and 10) should be positivized in a unique manner.

This unique approach by the apostle is not merely something that we should remember. It was also quite exceptional for his own time. The attitude in those days towards governing authorities came to an idolization of fear. (Cf. also what he says in verse 3: that one need not have terror.) No, Paul says, one's attitude towards governing authorities should not be negative through fear but should be positively inspired by love. (Cf. also 1 John 4:18a: "There is no room for fear in love; perfect love banishes fear.")

Some Flashes from the Contents

"Every man (soul) has to submit to the authorities set over him."[1]

The stress is definitely on *every* (*pasa*) man. Also – yes, especially – the Christian, who might think that it is not necessary for him to honour a secular ruler anymore when he believes in the King of Heaven.

"Must subject himself" (*hupotassesthoo*).

This "subject" (or "submit") is a keyword. Does this mean blind, unconditional subjection? According

---

1   Here and in the following exposition I use my own translation. It is advisable, however, to compare it with standard English versions like *The New English Bible*.

to trustworthy explicators the stress here should not fall on the *hupo* (meaning *under*), but on the *tassesthoo*, which means something like "joining in/under the order of", "put oneself in line with". Paul therefore does not command blind, uncritical subjection, enthrallment to all that government might do.

This does not weaken the demand for obedience, but stresses instead the responsibility of the subject – and government – towards the Source of authority, God. The subject may not dodge his responsibility, but neither may government use Romans 13 to justify state absolutism. The subjects may never (in order to evade their own responsibility) identify themselves with the authorities. Conversely – and this is even more dangerous – the authorities may not identify themselves with the subjects in the sense of "only executing their will." It once again underlines the importance of distinguishing clearly. State is not government, but encompasses both subjects and authority. It would therefore be wrong of government to imply that "L'etat, c'est moi": "The state, that is me" (a statement made by Louis XIV). In the same way those who obey authority are not the state.

"Authorities (exousias) set over him"

These do not indicate only politi-cal authorities but all instructions of power.

"No authority which does not ema-nate from God."

This also is not valid only for po-litical life, but for all social contexts. This does not mean, of course, that the wrong, sinful and willful execu-tion of authority may now simply be ascribed to God. This does not in the least strive to sanctify the so-called "divine right" with which gov-ernments in past eras often strove to justify their claims for infalli-bility and power craze. It also does not mean that government is given power through the majority vote and should therefore only serve the interests of the majority. God grants the authority, and the state is there for everybody, for the welfare of each and everyone, and this includes mi-norities.

"Authority... through the disposal of God... Whoever sets himself up against authority, also sets himself up against the ordinance of God..."

God set up all authority, all gov-ernment, as a sign of his love and pa-tience with man. The problem here of course resides in the word "or-dination" or "ordinance" (*diatage*). The fact *that* authorities exist was ordained by God, but now *how* they execute their power, in other words their de facto power and authority. Here the stress is on the Source of the ordination, viz. God, who appoints authoritatively. This ordination of God thus does not indicate a permanent, divinely sanctioned, static institution, but something dynamic. God uses it to curb sin, but never allows it to leave his hands and ultimately subjects all power and authority to Himself (cf. 1 Corinthians 15:24).

Would it therefore be wrong to say, in the simplest terms, that we have to obey the authorities, not because they are always *good*, but because they are *indispensable*? (If God had not ordained governmental authority, the chaos could have been so great already that man would have killed off the species long ago.)

Would Paul in the words "that he who rebels against authority, rebels against God?", exclude the right to resistance categorically? Would he want to deny here that it might at times be necessary to obey God before one obeys man? (Acts 4:19 and 5:29).

"One needs not fear the authorities if one does good, but if one commits evil deeds, then one would have to fear."

We have already looked at the fear on which the erstwhile Roman rule

was based. Paul says in this context that something as negative as fear should not rule one's relationship with the authorities. Love here has to show itself as a form of positive obedience and respectful submission (cf. the ending of verse 7).

On what exactly is meant by "good" and "evil" in this context a great deal of speculation has been based. One would perhaps have to keep in mind that in this instance good and evil would be that type of good and evil which falls under the judgment of the authorities. Therefore the emphasis is on the *wrong deed*, the visible action, and not the deepest *underlying motives*.

How important it is to know what exactly is meant here appears from the experience of the sixteenth century. Then the attitude was that "The Christian religion is good, therefore it has to be promoted by the state. False religion and heresy are bad, therefore the government has to obliterate it" (cf. also the problems surrounding Article 36 of the Belgic Confession of Faith).

Once again the context might bring us closer to a solution. In the preceding chapter (12) "evil" is mentioned a few times (verses 17, 19 and 21): Never pay back evil for evil, do not seek revenge, but leave a place for divine retribution. How would

MAN AND HIS RELATION TO THE STATE

God judge those who committed evil against you? Through natural disasters? On Judgment Day only? Perhaps that too. But He does it already, now, through his ordinations, his servants, viz. the governmental authorities.

I, therefore, feel that the "evil" that is meant here is *public* evil, the injustice that one man can do to another in public. For that reason Paul speaks in the Greek version of *the* evil and *the* good. It is therefore a specific evil deed for which the authorities have to exact retribution on behalf of God, or a specific good deed which has to be praised. The state is an arbiter of public justice, it is a public legal community.

To my mind then the state does not have the task (primarily at least) of combating religious coldness or to struggle against moral decadence, or (positively) to promote religion or to formulate moral standards. This does not mean of course that the state has nothing whatsoever to do with these matters, because reality is much more complex than that.

The criterion for public justice is – as already indicated – love for one's neighbour. (Which can only grow out of love for God.) Love, the framework within which Romans 13 stands, is thus the final touchstone to determine whether something is good or bad.

I know that many people will differ from me on this point. According to them the love commandment is valid for *personal* justice (the so-called "inside of our existence"), but not for *public* justice (the so-called "outside of our existence"). (Cf. what has already been said about the contrast between love and justice.)

"Should you want to live without fear of the authorities, do what is good, and the authorities will praise you."

The last part of this sentence of course does not always tally with reality! I would like, however, to direct your attention to the fact that one can derive from this verse not only the attitude of the subject towards the authorities, but also the vocation of the authorities towards the subjects. The authorities have to rule in such a way that the subjects would not need to fear them! They should not be (merely) negative in punishing the evil, but they should also (positively) notice the good.

"Because the authorities are God's agents working for your good."

The word agent, servant (*diakonos*) is important here. It is repeated twice later – although in the final instance the word *leiturgos* (servant) is used. One can let the stress fall on either: *servant* and servant of *God*.

Servant is not the same as *representative*, or, more strongly, *substitute*. The authorities may not presume to fill the place of God. They are only servants, instruments. The power exercised by the authority is vested in him only in order to enable him to render this service. Power which is not motivated by the idea of service becomes a monster – although ultimately a self-devouring monster. A state which prides itself on its absolute power is on the threshold of powerlessness!

Above all authority should be seen as a servant of *God*. It is set up in the first place to serve God – not for personal gain and for personal interests. A servant owes his master some form of accounting...

Later on in the verse we read that "it is not for nothing that they hold the power of the sword, for they are God's agents of punishment." Exacting retribution is the prerogative of God alone (Romans 12:19). He imparts this power to nobody but the state. The positive aim in this is of course to enable people to live in peace.

From this I would like to deduce that clear limits have been imposed on the authorities. These are all rooted in the fact that all authorities rule only by and through the grace of God. Different facets of the limitations include the following:

- The authorities are only servants.
- They should not be objects of fear but of respect.
- They are compelled to punish the evil and to praise the good.
- Because it is the wrath of *God* that is evoked, the punishment measures must always be tested against the touchstone of *God's* norms for good and evil.

Calvin sums this up beautifully in his Commentary on Romans: "Magistrates may learn from the nature of their calling. They are not to rule on their own account, but for the public good. Nor do they have unbridled power, but power that is restricted to the welfare of their subjects. In short they are responsible to God and to men in the exercise of their rule. Since they are chosen by God and to do His business, they are answerable to Him. But the ministry which God has committed to them has reference to their subjects. They have also therefore an obligation to them."

"It is not for nothing that they hold the power of the sword..."

The authorities have been vested with the sword, as the symbol of their right to dispose of life and death. This indicates the power of the authorities to act with violence even and would therefore also include lesser punishments. In this too lies an indication of the task of the state: it has not only the *right* but also the *duty* to punish by means of the sword in some cases. Capital punishment and war are examples of this. The authorities are the only societal relationship which received the right from God to impose authority by this means. (A gang of highwaymen will wield the sword unlawfully.)

At the end of verse 5, Paul says that the reason why one has to subject oneself to the authorities need not be purely negative, because one is afraid of punishment, but positively, because it is a matter of conscience. The Greek word for "conscience" makes one realize that conscience is not something which remained untouched in man after the Fall – it literally means "to know with". If, of course, one "know with" the devil, then it becomes dangerous. The conscience of the Christian, to whom Paul turns here, is honed and directed by the Holy Spirit (Romans 9:1b). His conscience will thus let him "know with" God that it is right to go along with the ordination of God. "For the sake of the conscience"

would thus here mean "for the sake of God". In order not be disobedient towards God, one should not be disobedient towards the state authorities – even if it should be possible to rebel successfully and without punishment.

"This is also why you have to pay taxes."

Did Paul not perhaps write this with the faintest smile on his lips? The tax man has never in history been popular in any nation! No, in this too the authorities were only the servants of God who were enacting *his* command – however unpleasant it was for the Jews to pay tax to a foreign oppressor, or for the Christians to handle coins on which the pagan Roman Emperor proclaimed his own godlike qualities.

The duty to pay taxes is also not just a little addition to other duties. It is an inherent part of the duty towards the authorities.

What is true of the other commitments of the authorities (as can be deduced indirectly) is also true of taxes. They have to be gathered for the ultimate good of the subjects and should not be gathered in a way which will induce fear because people feel that they are exploited and that they will never see their money again. In this too the authorities owe

145

an account to their highest Commander.

> "Discharge your obligations to all men; pay tax and toll, reverence and respect, to those to whom they are due…"

With respect to *reverence* and *respect* it has already been remarked that they indicate the positive as opposed to the negative *fear*. In this specific way the following commandment of "Leave no claim outstanding against you, except that of mutual love" is complied with within the sphere of political life.

It is as if in the closing section the words of Christ recorded in Matthew 22:21 resound: "Then pay Caesar what is due to Caesar…" Because of Christ's addition to these words of "…and (but) pay to God what is due to God" one can deduce from Paul's words that one need not give the authorities *more* than is due to them. Paul definitely does not teach absolute, uncritical, slavish submission to the state and its authority.

We owe the state *something*. To God, we owe *everything*, yes, our very lives.

Revelation 13

Where Romans 13:1-7 describes the state (mainly from the point of view of the subjects) as it *should be* ideally, then Revelation 13 portrays the state as it *can deteriorate* in practice, especially during the last days that is, between the First and Second Coming of Christ – the time during which we live.

Themes and Contents

The theme of the book of Revelation is the struggle (from the Coming to the Second Coming) between Christ and the faithful on the one hand and Satan and his helpers on the other hand. In this book, therefore, the contents revolve around the struggle of the realm of darkness against the realm of God, the realm of light. After Satan had failed against Christ, he started attacking the followers of Christ. Although it does not often look like it, Christ and those who believe in Him are the ultimate victors.

In the first part of Revelation (chapters 1-11) the struggle is outlined as it takes place in the vision of man. In the second part of the book (chapters 12-22) the background of the struggle between the faithful and the unfaithful on earth is filled in with more detail: it is ultimately a struggle of Satan and his cohorts against God. The old dragon uses as his minions the beast from the sea to *persecute* the believers, the beast from the earth to *mislead* them with false propaganda, and the whore of

MAN AND HIS RELATION TO THE STATE

Babylon, the false church, to *seduce* them. Together with them those of mankind who carry the mark of the beast struggle against the Christians.

The Holy Trinity is imitated in the profane "trinity." The old dragon (Satan) is in opposition to God the Father. The beast from the sea, the "son" of Satan, is the opposite of Christ. And the beast from the earth, the false prophet, does exactly the opposite from what is done by the Holy Spirit. One could say that this unholy "trinity" forms the "negative" of the Holy Trinity.

It would be a wise decision in the exegesis of this visionary part of Scripture to limit oneself to the main idea and not to try and find explanations for all the details.

The fact that in the unholy trinity all three entities are presented as *animals* already says a great deal. It is practically generally accepted that these evil spirits will be incarnated in powerful, totalitarian world empires. It is said, after all, that the one beast emerges from the tumultuous sea of the nations and the other from the earth. As the kingdom of heaven is deployed on earth, so the kingdom of hell is also deployed. It is thus something with which we will have to do in a very concrete fashion. For our consideration of our attitude towards political governments, therefore this

is just as important as Romans 13. Let us look more closely at the two beasts.

The Beast from the Sea (Revelation 13:1-10)

What does he look like, who is he and what does he do?

What does he look like?

He is a beast. This is the first impression. However highly civilized this human empire might be, in the eyes of God it is bestial, hard, cruel, bloodthirsty and uncaring.

He looks very much like the fiery red dragon. (While Satan is represented as somebody with seven horns and ten heads, this beast has ten horns and seven heads.) This is also not without reason, because he is totally committed to the service of the dragon. (Also note here the mockery directed at the Holy Trinity: as the Son is in the image of the Father, so the beast is identical to Satan.)

Daniel 7 also portrays the great empires in images of animals like the leopard, the bear, and the lion. Here in Revelation John sees all the bestial traits conglomerated in one horrible monster. All the empires that the world has yielded culminate in the one powerful all-encompassing anti-Christian empire.

The leopard-like qualities dominate. This indicates the unbelievable speed at which this empire can pounce in – in spite of the world-encompassing size of it. Unexpectedly, with terrifying speed, with one leap onto his prey, onto anybody who might want to compromise his sovereignty.

The paws of the bear most likely indicate strength and voracity. Such a world empire hungers for wealth. In his economic voracity he interferes in all spheres. An empire is imperialistic, it wants to dominate all means of life.

The mouth of the lion in all probability points at fearlessness, pride, human vanity – which here reach a climax. The lion *knows* that he is the king of the animals. And his terrifying maws sees to it that he remains the king.

However much the three beasts might differ in nature and in characteristics, all three of them are carnivores, beasts of prey devouring what they find. As against them other animals and vulnerable people have *no* chance. What could one then do if all these characteristics come together in *one* (the beast from the sea)!

There are, however, other animal traits. He has horns – a sign of power. He does not, however, have only two (as is usual) but he has ten horns. Ten is the perfect number. The ten diadems on the ten horns indicate complete exercise of power.

The monster also has seven heads, and many explicators see in this an indication of the seven world empires that had existed up to John's time: the empires of Babel (of which we read in Genesis), the Egyptian empire, the Assyrian empire, the Chaldean-Babylonian empire, the empire of the Medes and Persians, the Greek-Macedonian and the Roman empires. In this beast the power, the cruelty and the godlessness of all seven of these empires are concentrated into *one* empire!

Perhaps it is more important to note what appears on the seven heads. On the horns there are the diadems of rulers, but on the heads there are blasphemous names. The spirit in which this world rule is exercised is therefore truly anti-Christian.

It is intriguing to note that (up to three times) it is mentioned that one of the heads of the beast has been mortally wounded, but that it has miraculously recovered from the wound. What would this symbolize? Some would like to suggest that the wound indicates the influence of Christendom. Through which the pagan Roman Empire was dealt a sensitive blow. The dissemination of Christendom in Western civilization has, however, become less and less, so that today paganism is once again strong and healthy, completely recovered from the wound! Others see in this merely another way in which the beast imitates (mockingly) the death and the resurrection of Christ in order to make men run after him in wonder instead of following Christ.

Who is the beast?

As has already been stated, the beast is none other than the anti-Christ. In verse 2c it is stated explicitly that the dragon (Satan) has given to him the throne, the power and the authority. He is therefore a ruler – an anti-godlike dictator.

He is against the Christian religion, but he is not against religion as such. It is not only the dragon who is worshipped (devil worship) but he himself too (verses 4 and 8a). Do note that what is meant here is not *admiration*, but *worship*. In him the devil himself is worshipped. He is therefore not a neutral politician, but is probably also revered as a(n) (anti-Christian) saviour, messiah. The beast is incomparable, that is divine or godly – nobody dares wage war on him (verse 4b).

What does he do?

In the first place, he has enormous influence on and power over mankind. ("...was granted authority over every tribe and people, language and nation", verse 7b). The whole world follows him as if in a hypnotic trance, struck with wonder at his unbelievable success. They probably do not realize that he is simply an ordinary dictator. He is worthy of being worshipped. And they are right – he was directly appointed by Satan (verse 2b). Satan succeeds in uniting the whole of mankind in *one* tremendous anti-Christian empire.

In the second place, and in that his anti-godlike character emerges, he does not only boast (the typical pride of an imperator) but even more: he blasphemes. He curses all that is sacred: heaven, the angels, even God Himself! He is full of vengeful thoughts and bitterness against God and all who belong to Him.

In the third place, it does not remain confined to godless words. The deed also follows. He wages war against all those who do not approve his blasphemous language. And this blasphemer conquers the helpless throng of the believers.

Is there no ray of light in this dark night of persecution? Yes, in spite of all. It is said in verse 8 that those whose names are written in the book of life, the book of the lamb (Christ) will not worship the beast. In the second place, it is said up to three times that the beast *has been al-*

lowed (verse 5) or that power *has been granted* him (verse 7) to do all these terrible things. (The same is also later said twice of the beast from the earth. Cf. verses 14a and 15a.) The one who *allows* in this instance is God, and not Satan (as in verse 2). However incredible it might seem that He should allow it, the antichrist is incapable of anything without God. In the third place, as a measure of consolation, mention is made of a specific period, viz. 42 months or 3 ½ years. The period for the rule and the cruelty of the beast has thus been carefully circumscribed by God. For the sake of his children God has limited the period.

The concluding section on the beast from the sea (verse 10) can be translated in two different ways. "Whoever is to be made prisoner, a prisoner he shall be; whoever is destined to be killed by a sword, by a sword he shall be killed." Or: "If somebody leads (somebody else) into captivity, he himself goes into captivity; if anybody kills (another) with a sword, he (will also) be killed with a sword." Apparently preference is given to the first version of the translation – for then the closing section of the verse ties in better with that which precedes it.

The Beast from the Earth (Revelation 13:11-18)

This beast – another beast! – does not emerge from the sea but from the earth, which indicates its low, sinful and satanic origin.

Furthermore, he is the third member of the godless "trinity." The dragon appoints the beast from the sea and the beast from the earth exercises the authority of the first beast on behalf of him (verse 12a).

As in the case of the beast from the sea, we ask once again: What does he look like, who he is and what does he do?

What does he look like?

He also has horns. But he only has two, and they look like the horns of a lamb, in other words, they are not very long or dangerous. In comparison with the first beast (which, apart from seven horns also possesses the combined qualities of three carnivorous animals) this beast is therefore – at first glance at least – not dangerous at all, even innocent.

When he begins to talk, however, he reveals his true nature: he talks like a dragon, in other words he says horrible things to desecrate God. He is therefore clearly "a wolf in sheep's clothing" (Matthew 7:15) or Satan clothed like an angel of light.

Who is this beast?

From what has just been said, it would seem that he is the great deluder. (The first beast is the *persecutor*, this one is the *deluder*, and the false church, Babylon, is the *seducer*.) How he does this will still emerge.

He does not have diadems on his two horns. He is therefore not a sovereign. He is a prophet, and a false one. In that he is the opposite of the Holy Spirit. One could call him the Minister of Propaganda of the antichrist. He does all in his ability to raise the dictator of the world.

What does he do?

In the first place there is once again the fact that he makes the inhabitants of the earth worship the antichrist. He therefore sees to it that the anti-godly religion (worship of Satan and the antichrist) is firmly founded. The deification of the emperors of the erstwhile Roman Empire was but a feeble shadowing of this.

As the "monkey" of God (Luther) this child of Satan is not capable of anything original – he merely imitates God. He does wonders (with the help of technology?). He is even able, as Elijah was, to call down fire from heaven. (Would the fire coming down from heaven perhaps be intended as a parody of the granting of the Holy Spirit at Pentecost?) As the Egyptian magicians of the past he wants to say: It is not only your God who can do (and cause to be done) miracles. I can do greater miracles!

At his command an image of the antichrist is erected and when he blows his breath into it, it begins to talk. (Would this be parody of God's creation of man?)

He does all these things in order to delude man (14a). This spiritual leader is a misleader!

In his case too no opposition is tolerated. Everybody who is not willing to worship the speaking image is simply killed (verse 15b).

The activities of the false prophet, however, are not limited to the sphere of religion. He merely starts right at the core. The *whole of life* has to be brought under the subjugation of the antichrist. In order to see to it that nobody escapes from the totalitarian rule, all people, whether they are large or small, rich or poor, free or slaves, are forced to bear a mark. Not only slaves (as the custom was in those days) but all people now have to be branded – as farmers do nowadays with cattle. It should be clear that they are slaves, the exclusive property of the beast.

In this way too God is parodied, in Revelation 7:3-4 we read that the servants of God are marked on their

151

foreheads with a seal. The Christian baptism is the sign that we are the property of God. In the final analysis, however, it is the Holy Spirit (of which the false prophet is the true opposite) who sets the seal upon us (cf. 2 Corinthians 1:22 and Ephesians 1:13b and 4:30b).

The final days are thus the time of pledging the seal and the time of the antithesis: one either receives the mark of ownership of God or of Satan!

The mark of the antichrist must specifically be made on the right hand and on the forehead. The right hand is the hand man uses for working, for greeting, etc. The sign therefore indicates that all work and all contact among men have been stamped as being service to the antichrist. The forehead is clearly visible to all, so that the mark on it will mean that all public appearances will be characterized as having an anti-godlike character.

One could possibly say that the stamp on the forehead would qualify the thoughts of man as being godless. Hand and mind in the service of the beast *only*! This would then also include scholarship. Christian scholarship, as we aim to promote with these conferences, would then be taboo.

But what will happen to those who do not wish to wear the sign? They will simply be rejected from society. They will be boycotted and will not be able to buy or sell, will not be able to supply in their own most basic needs. One will not be allowed anywhere without the "passport" of Satan. One can have dinner nowhere without his "Diner's Club" card! For anybody wishing to remain faithful to God these will be harrowing times....

The duped masses, whipped to a frenzy of ecstasy through the satanic propaganda, poisoned and terrorized, meekly submit. They gape at all the incredible wonders of technology, science, art, and culture which the beast generates. They do not, however, have their own personality and their own point of view anymore. Everybody wears the self-same sign. Everybody says and does exactly the same. Because nobody is allowed to think anymore: the sign on their foreheads indicates that the beast has already thought for them. All awareness that man lives *Coram Deo* has been dimmed in their minds....

For those who are willing to live in this manner the realm of welfare, wealth, abundance, entertainment, pleasure and drunkenness has come.

It is not clear whether something visible is meant by the mark or sign.

The developments in technology in modern times makes us realize clearly, however, that something like that is not at all impossible anymore. People who try to steal from libraries and shops nowadays are easily apprehended. Why should it not be possible for the antichrist thus to "smell out" people not carrying his mark?

What the mark implies, however, leaves no doubt. It is the name of the beast or the number of his name. Mankind will have to wear his name – the sign that they belong to him and to him alone.

"The number of his name" refers to the use in antiquity to indicate a personal name by means of a number. (Before numerical figures were used, each letter of the alphabet had a numerical value. The numerical value of the letters is added up and the sum is the "the number of his name".) In order to find out his name, one has to decipher the number.

The number is also given: 666. And the clue goes with it: it is the number of a person. The danger of speculation is great here, and yet the following explanation might make sense. Six is the number of man as opposed to seven, the divine number. (On the sixth day God created man, the climax of creation.) It is as if God here wants to tell us not to allow ourselves to be deluded. A beast might be mentioned, but in reality it is a man. However satanically inspired he might be, the antichrist will be an ordinary person.

But what does 666 mean? It is thrice 6, an emphasis of it. It points at the absolutization of the human. This empire is not the empire of God, but the realm of MAN. At the deepest level man worships himself in this kingdom.

The false prophet has at last succeeded in convincing man of what Satan has been trying to do from the very beginning of time: Man is not merely created in the *image* of God, he is *like* God, he *is* God!

The confession of faith of this man therefore is no longer: "I believe in God the Father…" but "I believe in man, in myself!". The opposite pole of the hate against God propagated by the antichrist is unabashed love in man.

In this way the demonetization of political power is outlined in Revelation. It is terrifying merely to think about it. That which God has intended for the benefit of man, man has turned into a devouring monster – physically and spiritually. I need not direct your attention to the fact that we are already living in the shadow of this terrible empire, and that its contours are already emerging.

The only consolation lies in the closing words, that "it is the numbers of a man". However hard man might try to inflate himself (three times 6), he remains a man. However man tries – even with the help of Satan – to elevate himself to the level of the divine, he remains an insignificant, mortal and simple human being. Even the antichrist, the "superman" of the final days, is nothing more than a human being. Humanness multiplied a thousand times brings us no nearer to God in stature!

And the Bible is filled with this (cf. Luke 12:4) – that the believer need have no fear, also not for what man can do to one. There is only *One* deserving of fear, holy reverence, respect, worship: God!

> "Happy are those who wash their robes clean! They will have the right to the tree of life and will enter by the gates of the city" (Revelation 22:14).

Re-published by permission of Paideia Press and B.J. van der Walt. Originally published as *Why the State?: Bible Study on Romans 13 and Revelation 13,* Wetenskaplike Bydraes of the P.U. for C.H.E., Series F: Institute for the Advancement of Calvinism, F2: Brochures, no. 18, 1981.

El Hombre y su Relación con el Estado

by B.J. van der Walt

Nota del Editor: *Transcripción de la Tercera Conferencia Internacional para la Educación Superior Cristiana, 13-20 de agosto de 1981 en Dordt College, Sioux Center, Iowa, USA.*

Cada uno de nosotros es ciudadano de un Estado desde que nace. Tenemos que ver con el gobierno de nuestro país todos los días de nuestra vida. La política de otros países también influye en la de los nuestros. Para que pudiéramos asistir a la conferencia en la que se emitió este discurso, por ejemplo, los departamentos gubernamentales pertinentes tuvieron que expedirnos un pasaporte a cada uno de nosotros. Y Estados Unidos tuvo que concedernos visados para que pudiéramos entrar a ese país. Algunas personas que hubieran querido estar también en Dordt quizá no pudieron venir porque sus gobiernos no se lo permitieron.

Introducción

Por eso es importante que hoy nos hagamos la pregunta: ¿Por qué existe el Estado? Sobre todo porque esta mañana vamos a escuchar la ponencia del Prof. LM du Plessis' sobre cómo responden a la misma pregunta los marxistas y los neomarxistas, es esencial que nos preguntemos de antemano qué dice la Biblia.

Como corresponde a los cristianos, comenzamos este día con un estudio bíblico. No se trata de una mera formalidad, sino de una seria súplica a Dios, para que encontremos en su Palabra la respuesta a nuestras preguntas.

Antes de proceder a ello, debemos saber cómo utilizar la Biblia. Hay dos grandes peligros que se repiten cada vez que queremos utilizar la Biblia para encontrar respuestas a problemas concretos.

En primer lugar, el problema reside en que esperamos *demasiado poco* de la Biblia. No dudamos de la autoridad de la Biblia y creemos que tiene un mensaje para nuestra vida religiosa. Pero seguimos cuestionando que pueda decir algo significativo en términos de política (en otras palabras, sobre el Estado y el gobierno). En este sentido, la Biblia está *infra*-valorada.

Pero en otro aspecto está *sobre*-valorada, y se espera *demasiado* de ella. Un claro ejemplo de ello ocurre cuando los cristianos se fijan en la actitud que Cristo mostró respecto a las tendencias políticas de su tiempo y luego se esfuerzan por aplicarlas sin más. Suena inmensamente piadoso preguntarse "¿Qué habría hecho Cristo?". Pero esas personas no se dan cuenta que el mandato de Cristo de que seamos sus *seguidores* no significa que debamos ser *imitadores*.

Otro ejemplo de un uso inexacto de las Escrituras en este contexto sería que seleccionáramos ciertos textos "políticos" de la Biblia y los utilizáramos directamente como soluciones a nuestros problemas contemporáneos. La Palabra de Dios no da *respuestas directas* a cuestiones políticas concretas, pero sí *perspectivas* para encontrar las respuestas. La mayoría de las veces no da *soluciones* concretas y definitivas, sino que indica la *dirección* en la que hay que buscar las soluciones. (Incluso puede ocurrir que pasajes de la Escritura que aparentemente no tienen nada que ver con el Estado o con la política (como Efesios 6:6-9, sobre la esclavitud) ofrezcan, si se examinan más de cerca, mucho más que pasajes de la Escritura que a primera vista parecen ofrecer "declaraciones políticas").

Naturalmente, sería preferible revisar toda la Biblia para abordar nuestra pregunta "¿Por qué el Estado?". Sin embargo, eso sería totalmente imposible en el tiempo de que disponemos. Tenemos que limitarnos al Nuevo Testamento, y además a dos secciones cruciales, a saber, Romanos 13:1-7 y Apocalipsis 13. (Otros textos relevantes del Nuevo Testamento son Mateo 22:15-22; Lucas 22:36-38; Juan 19:11; Hechos 4:19 y 5:29; 1 Corintios 6:1ss; 1 Timoteo 2:1-2; Tito 3:1; Filemón 3:20 y 1 Pedro 2:13-17). Una exégesis versículo por versículo de los dos importantes pasajes que me han sido asignados será imposible dentro de los límites de treinta minutos. Por lo tanto, me limitaré a hacer algunas observaciones pertinentes que espero les estimulen a seguir reflexionando.

Me gustaría resumir el mensaje incorporado en estos dos pasajes de la Escritura de la siguiente manera:

Romanos 13 deja muy claro que no debemos considerar al Estado (y al gobierno) como *algo humilde*. No es una mera invención humana, sino una institución ordenada por Dios. El desdén espiritualista, así como el rechazo revolucionario (que a menudo se acercan mucho el uno al otro - cf. el anabaptismo del siglo XVI) no convienen al cristiano. *Apocalipsis 13*, por otra parte, quiere advertir a la humanidad de que no se debe tener en *demasiada estima* al Estado: tiene un lado humano pecaminoso.

En lugar de *desdeñar* el Estado y tratar de destruirlo, el hombre también puede *absolutizarlo*, y luego tratar de encontrar su salvación en un régimen totalitario - en lugar de confiar sólo en Dios. Esto también es indigno de un cristiano - el libro del Apocalipsis indica exactamente cuánto pueden sufrir los fieles bajo éste.

¿No es éste precisamente el dilema del marxismo? *En teoría*, desdeñan el Estado. No es más que un instrumento de opresión en manos de los privilegiados. Si alguna vez es eliminado, llegará la utopía. Pero *en la práctica* vemos precisamente lo contrario. El Estado es idolatrado y absolutizado. Los regímenes marxistas totalitarios tienen que traer la salvación a la tierra.

En el marco de esta amplia perspectiva, podemos examinar ahora cada uno de los pasajes de la Escritura por separado.

Romanos 13:1-7

Antes de pasar a ver el contenido, primero algo sobre los antecedentes, el público y el contexto.

Antecedentes

En Hechos 18:2 podemos deducir que el emperador Claudio persiguió a los judíos en Roma. También podría haber ocurrido lo mismo con los cristianos de otros grupos nacionales. También podría ser cierto que entre los cristianos de la capital del poderoso Imperio Romano hubiera elementos rebeldes. Podrían haber argumentado que, después de su aceptación de Cristo como su Rey, no necesitaban estar subyugados a un rey secular, aunque fuera el poderoso Emperador de Roma. En esto les sirvieron de ejemplo los grupos revolucionarios judíos de Palestina, que se negaron a pagar impuestos al emperador pagano (cf. Mateo 22:15-22), por darles un ejemplo.

El Público

Cuando Pablo trata con el Estado, se dirige en primer lugar a los súbditos. En Romanos 13 no aborda directamente la otra faceta de la vida política, es decir, el gobierno. (Por cierto, hay que tener cuidado de no considerar el Estado y el gobierno como la misma cosa. Del mismo modo que los padres no son toda la familia y el consejo de la iglesia no es la congregación, el gobierno del Estado no es todo el Estado, sino sólo los titulares de los cargos). Históricamente hay que entender esta concentración en los súbditos en primer lugar, porque entonces pocos cristianos ocupaban cargos en el gobierno. En la Biblia sólo conocemos un caso, el de Teófilo, a quien Lucas se refiere en 1:1 como "Excelencia" (*kratiste*).

En esta época, la distinción entre funcionarios y súbditos era inequívoca y clara. Pero, a pesar de las posteriores persecuciones e incluso martirios, la situación entonces era razonablemente sencilla. Probablemente es más difícil estar uno mismo en el sillón de gobierno y tener que decidir qué se puede imponer legalmente a los demás, qué se entiende por un gobierno justo en caso de un conflicto de intereses...

Si estos y otros textos del Nuevo Testamento sólo tratan de los deberes de los súbditos, ¿no dice nada la Escritura sobre las responsabilidades de los gobiernos? Implícitamente, sí. Pablo no podía tratar sobre los deberes del ciudadano sin dejar entrever algo sobre la tarea de los gobernantes y la finalidad de la autoridad estatal.

Es importante, sin embargo, tener en cuenta que Pablo piensa aquí en el Imperio Romano con su culto pagano al emperador, y que se esfuerza por indicar a sus lectores específicamente cuál debe ser su actitud como súbditos cristianos en tal situación. Por eso, sobre todo, llama la atención la actitud positiva que el apóstol asume aquí hacia el Estado.

Su visión bastante positiva del Estado contrasta a menudo con el oscuro retrato del poder bestial del Estado en Apocalipsis 13. La clara apreciación de Pablo estaría entonces directamente en oposición con el sombrío pesimismo y la clara descalificación de Juan. El hecho notable es que ambos hombres escriben con el trasfondo del Imperio Romano. ¿Podría deberse tal vez a que Pablo, como ciudadano romano, aún disfrutaba de la protección del gobierno romano (podrían mencionarse varios acontecimientos de su vida para corroborar esta afirmación), mientras que Juan estuvo expuesto a todas las crueldades de emperadores como Nerón, Calígula y Domiciano? (El libro de Romanos fue escrito hacia el año 60 d.C., mientras que el libro del Apocalipsis fue escrito mucho más tarde, entre los años 90 y 100 d.C.).

Cualesquiera que fuesen las razones, sin embargo, en Romanos 13 y Apocalipsis 13, la Biblia enseña las dos caras de la moneda con respecto al estado.

Es una institución buena y esencial de Dios, signo de su amor y paciencia con el hombre, para que todo no se desintegre en el caos.

Por otra parte, el Estado, más que ninguna otra institución social, tiene tendencia a caer en la decadencia. Es típico de los gobiernos, por ejemplo, querer apropiarse de más poder y querer extender su poder a campos distintos del político.

Quieren convertirse en permanentes, indispensables e irresistibles. Ahí es donde se ve la tendencia -discernible a lo largo de la historia de la humanidad- a establecer imperios mundiales. La concentración de poder comenzó en Babel. Luego vinieron los imperios de los egipcios, asirios, caldeos, medos y persas, greco-macedonios y romanos. En nuestra época hemos conocido el "Britannia rules the waves" y el "Deutschland, Deutschland Über Alles in die Welt".

Junto a Romanos 13 tenemos Apocalipsis 13 como advertencia. También habrá gobiernos que harán lo contrario de lo que se defiende en Romanos 13:3 en lugar de castigar a los criminales y alabar a los virtuosos, se alabará a los malos entre los hombres y se perseguirá a los seguidores de Cristo.

Contexto

En cuanto al contexto o lugar estructural de Romanos 13, conviene tener presente lo siguiente:

El tema de este libro es la justicia por la fe. Para Pablo, sin embargo, la justicia por la fe y la política no pueden separarse la una de la otra. También en este ámbito de la vida, la novedad del cristiano tiene que asumir una forma significativa. A nosotros nos puede parecer extraño que Pablo, mientras se ocupa de cuestiones doctrinales, de repente empiece a ocuparse también de cuestiones de carácter político. A él, sin embargo, le parece lo más natural, porque, según él, los fieles no tienen por qué sentirse perdidos en la jungla política.

Esto resulta aún más sorprendente cuando se examina más detenidamente el contexto directo o inmediato de Romanos 13:1-7.

En la sección anterior, en Romanos 12 Pablo trata del amor. Versículos como el 14, 19 y 20 nos recuerdan claramente el Sermón de la Montaña. Lo que dice al final sobre el amor a los enemigos es también una expresión apasionante del mandamiento de Cristo. En el versículo 21, Pablo lo resume en una regla de vida que lo abarca todo: "No os dejéis vencer por el mal, sino emplead el bien para vencer el mal".

Y luego, sin fase de transición, casi de arranque, siguen las primeras palabras del capítulo 13: "Toda persona debe someterse a las autoridades supremas". ¿Qué tiene que ver, después de todo, el amor abnegado con las duras e incluso sucias realidades políticas?

Resulta aún más sorprendente si observamos que el argumento "político" de Romanos 13:1-7 en el versículo 8 una vez más -sin ninguna advertencia- pasa a "No dejéis pendiente ninguna reclamación contra vosotros, excepto la del amor mutuo". (Lea también el resto del pasaje hasta el versículo 10).

Por lo tanto, este pasaje de las Escrituras no es simplemente un locus *classicus* independiente para la actitud y las acciones de los cristianos hacia el Estado. Pablo sitúa la actitud cristiana ante el gobierno en el marco del amor: se fundamenta en el amor y culmina en el amor.

De este modo hemos encontrado *el* punto de partida central desde el que hay que entender las ideas del apóstol sobre la actitud del cristiano hacia el Estado. Los cristianos no deben a nadie, ni siquiera al Estado, otra cosa que amor. La sumisión en obediencia al gobierno debe surgir del amor: amor a Dios y al prójimo.

Generalmente, al tratar del gobierno, se habla de justicia en contraste con el amor. Quien hace esto, sin embargo, no tiene a Pablo de su parte. Nuestra actitud hacia la autoridad no es una mera cuestión de justicia, sino en primer lugar de amor. También en este ámbito el mandamiento central del amor (cf. versículos 9 y 10) debe positivizarse de manera singular.

Este enfoque único del apóstol no es sólo algo que debamos recordar. También era bastante excepcional para su propia época. La actitud en aquellos días hacia las autoridades gobernantes llegó a una idolatría del miedo. (Cf. también lo que dice en el versículo 3: que uno no necesita tener terror.) No, dice Pablo, la actitud de uno hacia las autoridades gobernantes no debe ser negativa a través del miedo, sino que debe ser inspirada positivamente por el amor. (Cf. también 1 Juan 4:18a: "En el amor no hay lugar para el temor; el amor perfecto destierra el temor").

Algunas Aclaraciones del Contenido

> "Cada hombre (alma) tiene que someterse a las autoridades establecidas sobre él".

La tensión recae definitivamente en *todo* hombre (pasa). También – sí, especialmente – el cristiano, que podría pensar que ya no le es necesario honrar a un gobernante secular cuando cree en el Rey del Cielo.

> "Debe someterse asi mismo" (*hupotassesthoo*).

Esta "sujeción" (o "sometimiento") es una palabra clave. ¿Significa esto sujeción ciega e incondicional? Según comentaristas confiables, la tensión aquí no debería recaer en *hupo* (que significa bajo), sino en *tassesthoo*, que significa algo así como "unirse a/bajo la orden de", "ponerse en línea con". Pablo, por tanto, no ordena una sujeción ciega, acrítica, una entronización a todo lo que pueda hacer el gobierno.

Esto no debilita la exigencia de obediencia, sino que subraya la responsabilidad del súbdito -y del gobierno- hacia la Fuente de autoridad, Dios. El súbdito no puede eludir su responsabilidad, pero el gobierno tampoco puede utilizar Romanos 13 para justificar el absolutismo estatal. Los súbditos nunca pueden (para eludir su propia responsabilidad) identificarse con las autoridades. A la inversa -y esto es aún más peligroso- las autoridades no pueden identificarse con los súbditos en el sentido de "sólo ejecutar su voluntad". Esto subraya una vez más la importancia de distinguir claramente. El Estado no es el gobierno, sino que engloba tanto a los súbditos como a la autoridad. Por tanto, sería un error por parte del gobierno dar a entender que "L'etat, c'est moi": "El Estado, ese soy yo" (una afirmación de Luis XIV). Del mismo modo, quienes obedecen a la autoridad no son el Estado.

> "Autoridades (*exousias*) puestas sobre él"

No se refieren únicamente a las autoridades políticas, sino a todas las instrucciones del poder.

> "No hay autoridad que no emane de Dios".

Esto tampoco es válido sólo para la vida política, sino para todos los contextos sociales. Esto no significa, por supuesto, que la ejecución errónea, pecaminosa y voluntaria de la autoridad pueda ahora atribuirse sin más a Dios. Esto no pretende en absoluto santificar el llamado "derecho divino" con el que los gobiernos de épocas pasadas se esforzaban a menudo por justificar sus pretensiones de infalibilidad y su afán de poder. Tampoco significa que el gobierno reciba el poder a través del voto de la mayoría y que, por tanto, sólo deba servir a los intereses de la mayoría. Dios otorga la autoridad, y el Estado está ahí para todos, para el bienestar de todos y cada uno, y esto incluye a las minorías.

"Autoridad... por disposición de Dios... Quien se levanta contra la autoridad, se levanta también contra la ordenanza de Dios...".

Dios estableció toda autoridad, todo gobierno, como signo de su amor y paciencia con el hombre. El problema aquí reside, por supuesto, en la palabra "ordenación" u "ordenanza" (*diatage*). El hecho de que existan autoridades fue ordenado por Dios, pero ahora cómo ejecutan su poder, es decir, su poder y autoridad de facto. Aquí la tensión se pone en la Fuente de la ordenación, es decir, Dios, que nombra autoritariamente. Esta ordenación de Dios no indica, por tanto, una institución permanente, estática y sancionada divinamente, sino algo dinámico. Dios la utiliza para frenar el pecado, pero nunca permite que salga de sus manos y, en última instancia, somete todo el poder y la autoridad a Él mismo (cf. 1 Corintios 15:24)

Por tanto, ¿sería erróneo decir, simplificando, que tenemos que obedecer a las autoridades, no porque sean siempre buenas, sino porque son *indispensables?* (Si Dios no hubiera ordenado la autoridad gubernamental, el caos podría haber sido ya tan grande que el hombre habría acabado con la especie hace mucho tiempo).

¿Querría Pablo, con las palabras «que el que se rebela contra la autoridad, se rebela contra Dios?», excluir categóricamente el derecho a la resistencia? ¿Querría negar aquí que a veces sea necesario obedecer a Dios antes de obedecer a los hombres? (Hech. 4:19 y 5:29).

"No hay que temer a las autoridades si se hace el bien, pero si se cometen malas acciones, entonces sí habría que temer".

Ya hemos visto el miedo en el que se basaba el antiguo dominio romano. Pablo dice en este contexto que algo tan negativo como el miedo no debe regir la relación con las autoridades. El amor debe manifestarse aquí como una forma de obediencia positiva y sumisión respetuosa (véase el final del versículo 7).

Se ha especulado mucho sobre el significado exacto de "bien" y "mal" en este contexto. Quizá habría que tener en cuenta que, en este caso, el bien y el mal serían el tipo de bien y mal que cae bajo el juicio de las autoridades. Por lo tanto, el énfasis se pone en el *acto malo*, la acción visible, y no en los *motivos subyacentes* más profundos.

De la experiencia del siglo XVI se desprende lo importante que es saber qué se quiere decir exactamente con esto. Entonces la actitud era que "la religión cristiana es buena, por lo tanto tiene que ser promovida por el Estado. La religión falsa y la herejía son malas, por lo que el gobierno debe erradicarlas" (véanse también los problemas en torno al artículo 36 de la Confesión de fe belga).

Una vez más, el contexto podría acercarnos a una solución. En el capítulo anterior (12) se menciona el "mal" unas cuantas veces (versículos 17, 19 y 21): Nunca pagues mal por mal, no busques venganza, sino deja un lugar para la retribución divina. ¿Cómo juzgaría Dios a los que cometieron el mal contra ti? ¿A través de catástrofes naturales? ¿Sólo el Día del Juicio Final? Quizá también. Pero Él lo hace ya, ahora, a través de sus ordenaciones, sus servidores, es decir, las autoridades gubernamentales.

Por lo tanto, creo que el "mal" que se quiere decir aquí es el mal *público*, la injusticia que un hombre puede hacer a otro en público. Por eso Pablo habla en la versión griega de *el* mal y de *el* bien. Se trata, por tanto, de una mala acción concreta por la que las autoridades tienen que exigir un castigo en nombre de Dios, o de una buena acción concreta que tiene que ser alabada. El Estado es un árbitro de la justicia pública, es una comunidad jurídica pública.

En mi opinión, el Estado no tiene la tarea (al menos primordial) de combatir la frialdad religiosa o de luchar contra la decadencia moral, ni (positivamente) de promover la religión o formular normas morales. Esto no significa, por supuesto, que el Estado no tenga nada que ver con estos asuntos, porque la realidad es mucho más compleja que eso.

El criterio de la justicia pública es, como ya se ha dicho, el amor al prójimo (que sólo puede nacer del amor a Dios). (El amor, marco en el que se inscribe Romanos 13, es, pues, la última vara de medición para determinar si algo es bueno o malo.

Sé que muchas personas discreparán de mí en este punto. Según ellos, el mandamiento del amor es válido para la justicia *personal* (el llamado *"interior de nuestra existencia"*), pero no para la justicia *pública* (el llamado *"exterior de nuestra existencia"*). (Cf. lo ya dicho sobre el contraste entre amor y justicia).

"Si quieres vivir sin miedo a las autoridades, haz lo que es bueno, y las autoridades te alabarán".

Por supuesto, la última parte de esta frase no siempre se ajusta a la realidad. Sin embargo, me gustaría llamar tu atención sobre el hecho de que de este versículo se puede deducir no sólo la actitud del súbdito hacia las autoridades, sino también la vocación de las autoridades hacia los súbditos. Las autoridades deben gobernar de tal manera que los súbditos no tengan que temerlas. No deben ser (meramente) negativas a la hora de castigar el mal, sino que también deben fijarse (positivamente) en el bien.

"Porque las autoridades son agentes de Dios que trabajan por tu bien".

La palabra agente, siervo (*diakonos*) es importante aquí. Se repite dos veces más adelante, aunque en el último caso se utiliza la palabra *leiturgos* (siervo). Se puede dejar que el acento recaiga en cualquiera de las dos: *siervo* y siervo de Dios.

Siervo no es lo mismo que *representante*, o, más fuertemente, *sustituto*. Las autoridades no pueden presumir de ocupar el lugar de Dios. Sólo son servidores, instrumentos. El poder que ejerce la autoridad sólo le está conferido para permitirle prestar ese servicio. El poder que no está motivado por la idea de servicio se convierte en un monstruo, aunque en última instancia sea un monstruo que se devora a sí mismo. Un Estado que se enorgullece de su poder absoluto está en el umbral de la impotencia.

Por encima de todo, la autoridad debe ser vista como un siervo de *Dios*. Se establece en primer lugar para servir a Dios - no para beneficio personal y para intereses personales.

Un siervo debe a su señor alguna forma de rendición de cuentas...

Más adelante en el versículo leemos que "no en vano tienen el poder de la espada, pues son agentes del castigo de Dios". Ejercer el castigo es prerrogativa exclusiva de Dios (Romanos 12:19). Él no confiere este poder a nadie más que al Estado. El objetivo positivo de esto es, por supuesto, permitir que las personas vivan en paz.

De ello quiero deducir que se han impuesto límites claros a las autoridades. Todos ellos tienen su origen en el hecho de que todas las autoridades gobiernan sólo por y a través de la gracia de Dios. Entre las distintas facetas de las limitaciones se incluyen las siguientes:

- Las autoridades son sólo servidores.
- No deben ser objeto de temor, sino de respeto.
- Están obligadas a castigar el mal y a alabar el bien.
- Dado que lo que se evoca es la ira de Dios, las medidas de castigo deben contrastarse siempre con la vara de medición de las normas divinas sobre el bien y el mal.

Calvino lo resume maravillosamente en su Comentario a Romanos:

"Los magistrados pueden aprender de la naturaleza de su vocación. No deben gobernar por cuenta propia, sino por el bien público. Tampoco tienen un poder desenfrenado, sino restringido al bienestar de sus súbditos. En resumen, son responsables ante Dios y ante los hombres en el ejercicio de su gobierno. Puesto que han sido elegidos por Dios y para desempeñar sus funciones, son responsables ante Él. Pero el ministerio que Dios les ha confiado se refiere a sus súbditos. Por tanto, también tienen una obligación para con ellos".

"No es por nada que tienen el poder de la espada..."

Las autoridades han sido investidas con la espada, como símbolo de su derecho a disponer de la vida y la muerte. Esto indica el poder de las autoridades para actuar incluso con violencia y, por tanto, incluiría también castigos menores. En esto también reside una indicación de la tarea del Estado: no sólo tiene el *derecho*, sino también el *deber* de castigar mediante la espada en algunos casos. La pena capital y la guerra son ejemplos de ello. Las autoridades son la única relación social que recibió de Dios el derecho de imponer la autoridad por este medio. (Una banda de salteadores de caminos blandirá la espada ilegalmente).

Al final del versículo 5, Pablo dice que la razón por la que uno tiene que someterse a las autoridades no tiene por qué ser puramente negativa, por miedo al castigo, sino positiva, porque es una cuestión de conciencia. La palabra griega para "conciencia" hace que uno se dé cuenta de que la conciencia no es algo que permaneció intacto en el hombre después de la Caída - literalmente significa "conocer con". Si, por supuesto, uno "conoce con" el diablo, entonces se vuelve peligroso. La conciencia del cristiano, a quien Pablo se dirige aquí, está afinada y dirigida por el Espíritu Santo (Romanos 9:1b). Su conciencia le permitirá así *saber con* Dios que es correcto seguir la ordenación de Dios. "Por el bien de la conciencia" significaría aquí "por el bien de Dios". Para no ser desobediente a Dios, no se debe ser desobediente a las autoridades estatales, aunque sea posible rebelarse con éxito y sin castigo.

"Por eso también hay que pagar impuestos".

¿Acaso Pablo no escribió esto con una leve sonrisa en los labios? El recaudador de impuestos nunca ha sido popular en ninguna nación. No, también en este caso las autoridades no eran más que siervos de Dios que cumplían su mandato, por muy desagradable que fuera para los judíos pagar impuestos a un opresor extranjero, o para los cristianos manejar monedas en las que el pagano emperador romano proclamaba sus propias cualidades divinas.

El deber de pagar impuestos tampoco es un pequeño añadido a otros deberes. Es parte inherente del deber para con las autoridades.

Lo que es cierto de los demás compromisos con las autoridades (como puede deducirse indirectamente) también lo es de los impuestos. Deben recaudarse por el bien último de los súbditos y no deben recaudarse de forma que induzcan al miedo porque la gente se sienta explotada y que nunca volverá a ver su dinero. También en esto las autoridades deben rendir cuentas a su más alto Comandante.

"Cumplid vuestras obligaciones con todos los hombres; pagad impuestos y peajes, reverencia y respeto, a aquellos a quienes se deben...".

Con respecto a *la reverencia* y *el respeto* ya se ha señalado que indican el miedo positivo en contraposición al negativo. De este modo concreto se cumple en el ámbito de la vida política el siguiente mandamiento: "No dejéis pendiente ninguna reclamación contra vosotros, salvo la del amor mutuo".

Es como si en la parte final resonaran las palabras de Cristo recogidas en Mateo 22:21: "Pues pagad al César lo que es debido al César...". Debido a la adición de Cristo a estas palabras de "...y (pero) pagad a Dios lo que es debido a Dios" se puede deducir de las palabras de Pablo que no es necesario dar a las autoridades *más* de lo que se les debe. En definitiva, Pablo no enseña la sumisión absoluta, acrítica y servil al Estado y a su autoridad.

Al Estado le debemos *algo*. A Dios le debemos *todo*, sí, nuestra vida misma.

Apocalipsis 13

Donde Romanos 13:1-7 describe el estado (principalmente desde el punto de vista de los súbditos) como *debería ser* idealmente, entonces Apocalipsis 13 retrata el estado como *puede deteriorarse* en la práctica, especialmente durante los últimos días, es decir, entre la Primera y la Segunda Venida de Cristo - el tiempo durante el cual vivimos.

Temas y contenidos

El tema del libro del Apocalipsis es la lucha (desde la Venida hasta la Segunda Venida) entre Cristo y los fieles, por un lado, y Satanás y sus ayudantes, por otro. En este libro, por tanto, el contenido gira en torno a la lucha del reino de las tinieblas contra el reino de Dios, el reino de la luz. Después de que Satanás fracasara contra Cristo, comenzó a atacar a los seguidores de Cristo. Aunque a menudo no lo parezca, Cristo y los que creen en Él son los vencedores finales.

En la primera parte del Apocalipsis (capítulos 1-11) se esboza la lucha tal y como tiene lugar en la visión del hombre. En la segunda parte del libro (capítulos 12-22), el trasfondo de la lucha entre los fieles y los infieles en la tierra se completa con más detalles: en última instancia, se trata de una lucha de Satanás y sus secuaces contra Dios. El viejo dragón utiliza como secuaces a la bestia del mar para *perseguir* a los creyentes, a la bestia de la tierra para *engañarlos* con falsa propaganda, y a la ramera de Babilonia, la falsa iglesia, para *seducirlos*. Junto con ellos luchan contra los cristianos los hombres que llevan la marca de la bestia.

La Santísima Trinidad es imitada en la "trinidad" profana. El viejo dragón (Satanás) se opone a Dios Padre. La bestia del mar, el "hijo" de Satanás, es lo opuesto a Cristo. Y la bestia de la tierra, el falso profeta, hace exactamente lo contrario de lo que hace el Espíritu Santo. Se podría decir que esta "trinidad" impía forma el "negativo" de la Santísima Trinidad.

Sería una sabia decisión en la exégesis de esta parte visionaria de la Escritura limitarse a la idea principal y no tratar de encontrar explicaciones para todos los detalles.

El hecho de que en la trinidad impía las tres entidades se presenten como *animales* ya dice mucho. Prácticamente está generalmente aceptado que estos espíritus malignos se encarnarán en poderosos imperios mundiales totalitarios. Se dice, después de todo, que una bestia emerge del mar tumultuoso de las naciones y la otra de la tierra. Así como el reino de los cielos se despliega en la tierra, también se despliega el reino de los infiernos. Se trata, pues, de algo con lo que tendremos que ver de manera muy concreta. Para consideración de nuestra actitud hacia los gobiernos políticos, por tanto, esto es tan importante como Romanos 13.

Veamos más de cerca las dos bestias.

La bestia del mar (Apocalipsis 13:1-10)

¿Cómo es, quién es y qué hace?

¿Qué aspecto tiene?

Es una bestia. Esta es la primera impresión. Por muy civilizado que sea este imperio humano, a los ojos de Dios es bestial, duro, cruel, sanguinario e indiferente.

Se parece mucho al fiero dragón rojo. (Mientras que Satanás es representado como alguien con siete cuernos y diez cabezas, esta bestia tiene diez cuernos y siete cabezas). Y no es para menos, porque está totalmente al servicio del dragón. (Nótese también aquí la burla dirigida a la Santísima Trinidad: así como el Hijo es a imagen del Padre, la bestia es idéntica a Satanás).

Daniel 7 también retrata los grandes imperios en imágenes de animales como el leopardo, el oso y el león. Aquí, en el Apocalipsis, Juan ve todos los rasgos bestiales conglomerados en un horrible monstruo. Todos los imperios que el mundo ha producido culminan en un poderoso imperio anticristiano que todo lo abarca. Las cualidades de leopardo dominan. Esto indica la increíble velocidad a la que este imperio puede abalanzarse, a pesar de su tamaño que abarca todo el mundo. Inesperadamente, con una velocidad aterradora, de un salto sobre su presa, sobre cualquiera que quisiera comprometer su soberanía. Lo más probable es que las patas del oso indiquen fuerza y voracidad. Un imperio mundial así tiene hambre de riqueza. En su voracidad económica interfiere en todas las esferas. Un imperio es imperialista, quiere dominar todos los medios de vida.

La boca del león apunta con toda probabilidad a la intrepidez, al orgullo, a la vanidad humana, que aquí alcanzan su clímax. El león *sabe* que es el rey de los animales. Y sus aterradoras fauces se encargan de que siga siendo el rey.

Por mucho que las tres bestias difieran en naturaleza y características, las tres son carnívoras, bestias de presa que devoran lo que encuentran. Frente a ellas, otros animales y personas vulnerables no tienen ninguna oportunidad. ¡Qué se podría hacer entonces si todas estas características se reúnen en una (la bestia del mar)!

Hay, sin embargo, otros rasgos animales. Tiene cuernos, un signo de poder. Pero no sólo tiene dos (como es habitual), sino diez cuernos. Diez es el número perfecto. Las diez diademas en los diez cuernos indican el ejercicio completo del poder.

El monstruo tiene también siete cabezas, y muchos explicadores ven en ello una indicación de los siete imperios mundiales que habían existido hasta la época de Juan: los imperios de Babel (del que leemos en el Génesis), el imperio egipcio, el imperio asirio, el imperio caldeo-babilónico, el imperio de los medos y persas, el imperio greco-macedonio y el imperio romano. En esta bestia se concentran en un solo imperio el poder, la crueldad y la impiedad de estos siete imperios.

Quizás sea más importante observar lo que aparece en las siete cabezas. En los cuernos hay diademas de gobernantes, pero en las cabezas hay nombres blasfemos. El espíritu con el que se ejerce este dominio mundial es, por tanto, verdaderamente anti-cristiano.

Es intrigante observar que (hasta tres veces) se menciona que una de las cabezas de la bestia ha sido herida de muerte, pero que se ha recuperado milagrosamente de la herida. ¿Qué simbolizaría esto? Algunos quieren sugerir que la herida indica la influencia de la cristiandad. A través de la cual el Imperio Romano pagano recibió un golpe sensible. Sin embargo, la difusión de la Cristiandad en la civilización occidental se ha hecho cada vez menor, de modo que hoy el paganismo vuelve a ser fuerte y sano, ¡completamente recuperado de la herida! Otros ven en esto simplemente otra forma en la que la bestia imita (burlonamente) la muerte y la resurrección de Cristo para hacer que los hombres corran tras ella maravillados en lugar de seguir a Cristo.

¿Quién es la bestia?

Como ya se ha dicho, la bestia no es otro que el anticristo. En el versículo 2c se afirma explícitamente que el dragón (Satanás) le ha dado el trono, el poder y la autoridad. Por lo tanto, es un gobernante, un dictador anti-Dios. Está en contra de la religión cristiana, pero no está en contra de la religión como tal. No sólo se adora al dragón (adoración del diablo), sino también a él mismo (versículos 4 y 8a). Nótese que lo que se quiere decir aquí no es *admiración*, sino *adoración*. En él se adora al mismo diablo. Por tanto, no es un político neutral, sino que probablemente también es venerado como salvador (anticristiano), mesías. La bestia es incomparable, es decir, divina o piadosa: nadie se atreve a hacerle la guerra (versículo 4b).

¿Qué es lo que hace?

En primer lugar, tiene una enorme influencia y poder sobre la humanidad. ("...se le concedió autoridad sobre toda tribu y pueblo, lengua y nación", versículo 7b). El mundo entero le sigue como en un trance hipnótico, asombrado por su increíble éxito. Probablemente no se dan cuenta de que no es más que un dictador ordinario. Es digno de ser adorado. Y tienen razón: fue nombrado directamente por Satanás (versículo 2b). Satanás consigue unir a toda la humanidad en un tremendo imperio anticristiano.

En segundo lugar, y en eso aflora su carácter anti-Dios, no sólo se vanagloria (el orgullo típico de un imperator) sino aún más: blasfema. Maldice todo lo sagrado: el cielo, los ángeles, ¡incluso al mismo Dios! Está lleno de pensamientos vengativos y de amargura contra Dios y contra todos los que le pertenecen.

En tercer lugar, no se limita a las palabras impías. Le siguen también los hechos. Hace la guerra contra todos los que no aprueban su lenguaje blasfemo. Y este blasfemo conquista a la multitud indefensa de los creyentes.

¿No hay un rayo de luz en esta oscura noche de persecución? Sí, a pesar de todo. Se dice en el versículo 8 que aquellos cuyos nombres están escritos en el libro de la vida, el libro del cordero (Cristo) no adorarán a la bestia. En segundo lugar, se dice hasta tres veces que a la bestia se le ha permitido (versículo 5) o que se le ha concedido poder (versículo 7) para hacer todas estas cosas terribles. (Lo mismo se dice también más adelante dos veces de la bestia de la tierra. Véanse los versículos 14a y 15a). El que permite en este caso es Dios, y no Satanás (como en el versículo 2). Por increíble que parezca que Él lo permita, el anticristo es incapaz de nada sin Dios. En tercer lugar, como medida de consuelo, se menciona un período específico, a saber, 42 meses o 3 años y medio. El período para el

dominio y la crueldad de la bestia ha sido cuidadosamente circunscrito por Dios. Por el bien de sus hijos, Dios ha limitado el período.

La sección final sobre la bestia del mar (versículo 10) puede traducirse de dos maneras diferentes. "El que haya de ser hecho prisionero, prisionero será; el que haya de ser muerto a espada, a espada será muerto". O bien: "Si alguien lleva (a otro) al cautiverio, él mismo irá al cautiverio; si alguien mata (a otro) con una espada, él (también) será muerto con una espada". Parece que se prefiere la primera versión de la traducción, porque así la parte final del versículo encaja mejor con la que le precede.

La Bestia de la Tierra (Apocalipsis 13:11-18)

Esta bestia – ¡otra bestia! – no emerge del mar sino de la tierra, lo que indica su origen bajo, pecaminoso y satánico.

Además, es el tercer miembro de la "trinidad" impía. El dragón nombra a la bestia del mar y la bestia de la tierra ejerce la autoridad de la primera bestia en su nombre (versículo 12a).

Como en el caso de la bestia del mar, nos preguntamos una vez más: ¿Qué aspecto tiene, quién es y qué hace?

¿Qué aspecto tiene?

También tiene cuernos. Pero sólo tiene dos, y parecen los cuernos de un cordero, es decir, no son muy largos ni peligrosos. En comparación con la primera bestia (que, además de siete cuernos, posee las cualidades combinadas de tres animales carnívoros), esta bestia no es, al menos a primera vista, peligrosa en absoluto, incluso es inocente.

Sin embargo, cuando empieza a hablar, revela su verdadera naturaleza: habla como un dragón, es decir, dice cosas horribles para profanar a Dios. Por lo tanto, es claramente "un lobo con piel de cordero" (Mateo 7:15) o Satanás vestido como un ángel de luz.

¿Quién es esta bestia?

Por lo que acabamos de decir, parece que es el gran engañador. (La primera bestia es la *perseguidora*, ésta es la *engañadora*, y la falsa iglesia, Babilonia, es la *seductora*). La forma en que lo hace aún no está clara. No tiene diademas en sus dos cuernos. Por lo tanto, no es un soberano. Es un profeta, y uno falso. En eso es lo contrario del Espíritu Santo. Se le podría llamar el Ministro de Propaganda del anticristo. Hace todo lo que está en su mano para elevar al dictador del mundo. *¿Qué es lo que hace?*

En primer lugar, hace que los habitantes de la tierra adoren al anticristo. Por lo tanto, se ocupa de que la religión anti-dios (adoración de Satanás y el anticristo) esté firmemente fundada. La deificación de los emperadores del antiguo Imperio Romano no era más que una débil sombra de esto. Como el "mono" de Dios (Lutero) este hijo de Satanás no es capaz de nada original - se limita a imitar a Dios. Hace maravillas (¿con la ayuda de la tecnología?). Incluso es capaz, como Elías, de hacer bajar fuego del cielo. (¿Quizás el fuego que baja del cielo sea una parodia de la concesión del Espíritu Santo en Pentecostés?) Como los magos egipcios del pasado quiere decir: No sólo vuestro Dios puede hacer (y hacer que se hagan) milagros. ¡Yo puedo hacer milagros mayores!

A su orden se erige una imagen del anticristo y cuando sopla su aliento en ella, comienza a hablar. (¿Sería esto una parodia de la creación del hombre por Dios?)

Hace todas estas cosas para engañar al hombre (14a). ¡Este líder espiritual es un engañador!

En su caso tampoco se tolera ninguna oposición. Todo aquel que no esté dispuesto a adorar la imagen parlante es simplemente asesinado (versículo 15b).

Sin embargo, las actividades del falso profeta no se limitan al ámbito de la religión. Simplemente empieza por el núcleo. *Toda la vida* tiene que ser sometida al anticristo. Para asegurarse de que nadie escape al dominio totalitario, todas las personas, ya sean grandes o pequeñas, ricas o pobres, libres o esclavas, son obligadas a llevar una marca. No sólo los esclavos (como era costumbre en aquella época), sino que ahora todas las personas tienen que llevar una marca, como hacen hoy en día los granjeros con el ganado. Debe quedar claro que son esclavos, propiedad exclusiva de la bestia.

De esta manera también Dios es parodiado, en Apocalipsis 7:3-4 leemos que los siervos de Dios están marcados en la frente con un sello. El bautismo cristiano es la señal de que somos propiedad de Dios. Sin embargo, en última instancia es el Espíritu Santo (de quien el falso profeta es el verdadero opuesto) quien pone el sello sobre nosotros (cf. 2 Corintios 1:22 y Efesios 1:13b y 4:30b).

Los últimos días son, pues, el tiempo de la prenda del sello y el tiempo de la antítesis: ¡o se recibe la marca de propiedad de Dios o de Satanás!

La marca del anticristo debe hacerse específicamente en la mano derecha y en la frente. La mano derecha es la mano que el hombre utiliza para trabajar, para saludar, etc. Por lo tanto, la señal indica que todo trabajo y todo contacto entre los hombres han sido sellados como servicio al anticristo. La frente es claramente visible para todos, de modo que la marca en ella significará que todas las apariciones públicas se caracterizarán por tener un carácter contrario a Dios.

Posiblemente se podría decir que el sello en la frente calificaría los pensamientos del hombre como impíos. ¡Mano y mente al servicio de la bestia solamente! Esto incluiría también la erudición. La erudición cristiana, como pretendemos promover con estas conferencias, sería entonces tabú. Pero, ¿qué pasará con aquellos que no deseen llevar el signo? Simplemente serán rechazados de la sociedad. Serán boicoteados y no podrán comprar ni vender, no podrán abastecerse en sus necesidades más básicas. No se podrá ir a ninguna parte sin el "pasaporte" de Satanás. No se podrá cenar en ninguna parte sin su tarjeta " Diner's Club". Para cualquiera que desee permanecer fiel a Dios estos serán tiempos desgarradores....

Las masas engañadas, azuzadas hasta el éxtasis por la propaganda satánica, envenenadas y aterrorizadas, se someten dócilmente. Se quedan boquiabiertas ante todas las increíbles maravillas de la tecnología, la ciencia, el arte y la cultura que genera la bestia. Sin embargo, ya no tienen su propia personalidad ni su propio punto de vista. Todos llevan el mismo signo. Todos dicen y hacen exactamente lo mismo. Porque ya nadie puede pensar: el signo que llevan en la frente indica que la bestia ya ha pensado por ellos. Toda conciencia de que el hombre vive *Coram Deo* se ha atenuado en sus mentes....

Para los que están dispuestos a vivir de esta manera ha llegado el reino del bienestar, la riqueza, la abundancia, el entretenimiento, el placer y la embriaguez.

No está claro si por marca o signo se entiende algo visible. Sin embargo, la evolución de la tecnología en los tiempos modernos nos hace ver claramente que algo así ya no es en absoluto imposible. Las personas que hoy en día intentan robar en bibliotecas y tiendas son fácilmente detenidas. ¿Por qué no iba a ser posible que el anticristo "oliera" a la gente que no lleva su marca?

Sin embargo, lo que implica la marca no deja lugar a dudas. Es el nombre de la bestia o el número de su nombre. La humanidad tendrá que llevar su nombre - la señal de que le pertenecen a él y sólo a él. "El número de su nombre" se refiere al uso en la antigüedad para indicar un nombre personal por medio de un número. (Antes de que se utilizaran cifras numéricas, cada letra del alfabeto tenía un valor numérico. Se suma el valor numérico de las letras y la suma es "el número de su nombre"). Para averiguar su nombre, hay que descifrar el número.

El número también se da: 666. Y la pista va con él: es el número de una persona. El peligro de especulación es grande aquí, y sin embargo la siguiente explicación podría tener sentido. El seis es el número del hombre, en oposición al siete, el número divino. (Es como si Dios quisiera decirnos aquí que no nos dejemos engañar. Puede que se mencione a una bestia, pero en realidad se trata de un hombre. Por muy satánicamente inspirado que esté, el anticristo será una persona corriente.

Pero, ¿qué significa 666? Es el triple 6, un énfasis del mismo. Señala la absolutización de lo humano. Este imperio no es el imperio de Dios, sino el reino del HOMBRE. En el nivel más profundo el hombre se adora a sí mismo en este reino.

El falso profeta ha conseguido por fin convencer al hombre de lo que Satanás ha intentado desde el principio de los tiempos: El hombre no sólo ha sido creado a *imagen* de Dios, sino que es como Dios, ¡es Dios! Por tanto, la confesión de fe de este hombre ya no es: "Creo en Dios Padre...", sino "¡Creo en el hombre, en mí mismo!". El polo opuesto del odio contra Dios propagado por el anticristo es el amor descarado en el hombre.

De este modo se perfila en el Apocalipsis la desmonetización del poder político. Es aterrador simplemente pensar en ello. Lo que Dios ha destinado para el beneficio del hombre, el hombre lo ha convertido en un monstruo devorador - física y espiritualmente. No necesito llamar tu atención sobre el hecho de que ya estamos viviendo a la sombra de este terrible imperio, y que sus contornos ya están emergiendo.

El único consuelo reside en las palabras finales, que "son los números de un hombre". Por mucho que el hombre intente inflarse (tres veces 6), sigue siendo un hombre. Por mucho que el hombre intente -incluso con la ayuda de Satanás- elevarse al nivel de lo divino, sigue siendo un insignificante, mortal y simple ser humano. Incluso el anticristo, el "superhombre" de los últimos días, no es más que un ser humano.

La humanidad multiplicada mil veces no nos acerca a Dios en estatura.

Y la Biblia está llena de esto (cf. Lucas 12:4) - que el creyente no necesita tener miedo, tampoco por lo que el hombre pueda hacerle a uno.

Sólo hay *Uno* que merece temor, santa reverencia, respeto, adoración: ¡Dios!

> "¡Bienaventurados los que lavan sus vestiduras para tener derecho al árbol de la vida y para entrar por las puertas a la ciudad" (Apocalipsis 22:14, LBLA).

Reeditado con permiso de Paideia Press y B.J. van der Walt. Publicado originalmente como *Why the State? Estudio bíblico sobre Romanos 13 y Apocalipsis 13*, Wetenskaplike Bydraes of the P.U. for C.H.E., Serie F: Instituto para el Avance del Calvinismo, F2: Folletos, nº 18, 1981.

AUTHORS / AUTORES

STEVEN R. MARTINS

Steven R. Martins is a Christian thinker and writer, founding director of the Cántaro Institute, founding pastor of Sevilla Chapel in St. Catharines, and project manager with Paideia Press. Steven holds a Master's degree *summa cum laude* in Theological Studies with a focus on Christian apologetics from Veritas International University (Santa Ana, CA., USA) and a Bachelor of Human Resource Management from York University (Toronto, ON., Canada). He is the author of several books, including *Apologetics: Studies in Biblical Apologetics for a Christian Worldview.*

ADOLFO GARCÍA DE LA SIENRA GUAJARDO

Adolfo has been a research fellow at the Institute of Philosophical Research of the National Autonomous University of Mexico (UNAM) (1986-1993); research fellow and professor of microeconomics at the Center for Teaching and Research of Economics (CIDE) (1993-1998); research fellow at the Philosophy Institute of the Veracruzana University since 2002, and professor of Microeconomics and Mathematical Economics at the Faculty of Economics of the same university since 1998. Dr. García de la Sienra has published more than one hundred papers and books in international journals and publishing houses.

PAUL AURICH

Paul Aurich is a father, home educator, and independent researcher. His research interests include church history, cultural philosophy, apologetics, worldview studies, and biblical exegesis. He holds a Bachelor of Religious Studies from Heritage College and Seminary and a Master of Theological Studies from McMaster Divinity College.

B.J. VAN DER WALT

B.J. van der Walt studied Theology and Philosophy at the Potchefstroom University for Christian Higher Education and the Free University of Amsterdam, the Netherlands. He holds a ThB in Theology and a doctor's degree in Philosophy. From 1970-1974 he was senior lecturer in Philosophy at the University of Fort Hare; from 1975 to 1999 director of the Institute for Reformational Studies at the Potchefstroom University for Christian Higher Education and since 1980 he was also professor in Philosophy at the same university. He retired in 2002. He has written many articles and books, organised a number of national and international conferences and lectured in different parts of the world.

www.ingramcontent.com/pod-product-compliance
Lightning Source LLC
Chambersburg PA
CBHW071146120626
46546CB00006B/2148